Energie sparen – Tipps und Tricks

Alexander Rudow

Energie sparen

Tipps und Tricks für Haushalt, Heizung, Auto u.v.m.

Bassermann

1. Auflage

Projektleitung dieser Ausgabe: Martha Sprenger

Koordination: Literaturagentur Drews

Umschlaggestaltung: Atelier Versen, Bad Aibling

Layout und Satz: Atelier Lehmacher, Friedberg

Herstellung: Elke Cramer

Druck und Bindung: GGP Media GmbH, Pößneck

Die Illustrationen stammen aus den Schriften: Ale Transport LL, amusement park, Clothes, Cycling, DF Commercials, Df Connectivities ITC, Df Daves Raves Two ITC, Df Daves Raves Three ITC, DF Diversities, DF Eclectics, Df Home Improvement ITC, DF Incidentals, DF Industrials One, DF Industrials Two, DF Inspirations One, DF Journeys Two, DF Organics I I A, Df Situations One ITC, Df Tot Spots ITC, DF Well Beings, F 2 F Simbolico, Journal Dingbats 1, Linotype Holiday Pi, Mambo, Mixed Icons vol.1, Providence , Wiesbaden Swing

FSC
www.fsc.org
MIX
Papier | Fördert gute Waldnutzung
FSC® C014496

Penguin Random House Verlagsgruppe FSC® N001967

Inhalt

Einleitung ... 6
Bevor wir eintreten ... 9
Die Diele ... 25
Die Küche ... 33
Das Badezimmer ... 55
Das Wohnzimmer ... 67
Das Arbeitszimmer ... 87
Das Schlafzimmer ... 93
Balkon oder Garten ... 99
Garage und Carport ... 109
Vertrauen Sie Ihren Fähigkeiten! ... 119
Hier gibt es weitere Hilfe ... 123

Einleitung

Liebe Leserinnen und Leser,

mit diesem Buch lade ich Sie herzlich ein, zum Sparfuchs in Ihren eigenen vier Wänden zu werden. Energie sparen macht nämlich Spaß! Es kann ganz einfach sein. Gehen Sie auf Entdeckungsreise, und streifen Sie mit mir durch die Räume in Ihrem Zuhause. Sie werden bestimmt noch mehr Ideen haben, denn schließlich kennen Sie sich in Ihrem Umfeld am besten aus. Deswegen werden Sie vermutlich die Kniffe aus diesem Buch erweitern oder verfeinern können.

Lassen Sie uns also gemeinsam durch Ihr Haus oder Ihre Wohnung ziehen. Dabei werde ich Ihnen eine ganze Reihe von Tipps und Anregungen geben. Damit können Sie nicht nur viel Geld sparen, sondern auch die Natur schonen. Energiesparen ist also ein mehrfacher Gewinn.

Entdecken wir zusammen, wie wir bewusst und mit Freude Wasser, Strom und Heizung nutzen können. Aber auch bei Auto, Bus & Co. gibt es viel zu finden, was uns im Alltag zufriedener macht. Jawohl – zufriedener. „Energie sparen", das hört man oft in der Bedeutung von Verzicht. Dieser Verzicht, richtig angewendet, kann aber durchaus ein Gewinn für unser Lebensgefühl sein. Das glauben Sie nicht? Mit diesem Buch möchte ich es Ihnen beweisen.

Das Verbraucher-Magazin „Öko-Test" betont: „Wer clever spart, verzichtet nicht." Energiesparen braucht nicht mit viel weniger Komfort einherzugehen. Schon mit kleinen Anpassungen lässt sich ordentlich sparen. Sie brauchen auch gar nicht allzu viele Hebel umzulegen. Ein paar wichtige reichen.

So werden Sie sehen, wie nur ein paar kleine Änderungen im Alltag schnell zur Gewohnheit werden, wenn Sie die für Sie passenden Tipps aus diesem Buch befolgen möchten. Schon nach kurzer Zeit geht für Sie vieles automatisch. Damit wird Energiesparen quasi zum Kinderspiel.

Gehen wir also gemeinsam auf einen Streifzug durch unser aller Leben. Es gibt viel zu entdecken. Sparen wir bares Geld und tun dem Klima etwas Gutes!

Ihr Alexander Rudow

Bevor wir eintreten

Wir stehen noch vor der Tür der Wohnung oder des Hauses. Was wollen wir eigentlich erreichen, und was können wir erreichen? Stellen wir uns dazu ein paar einfache Fragen, zum Beispiel: Bringt Energiesparen im Privaten überhaupt etwas im Großen? Oder ist es egal, was wir kleinen Verbraucher tun?

Privates Sparen bringt's!

Was ich Ihnen empfehle, tue ich vor dem zeitlichen Hintergrund im September 2022.

Was wäre der Effekt, wenn man in Deutschland alle Geräte im Standby-Betrieb ausschaltete? Wenn also etwa das kleine Lämpchen am Fernseher nicht mehr blinkt? Das würde jährlich mehr Energie sparen, als Berlin und Hamburg zusammen verbrauchen. Hätten Sie das gedacht? **Es bringt also viel im Großen, was man privat spart.**

Nächster Schritt: Wo bringt es am meisten? Und zwar auch für unsere Brieftasche. Was meinen Sie? Wo liegt das größte Potential? Wo können Sie die meiste Energie sparen? Bei Elektrogeräten? Bei Heizung und Warmwasser? Oder bei der Beleuchtung? Die Antwort ist eindeutig. Auf einen der drei Bereiche entfallen **mehr als 85 Prozent des Energieverbrauchs** in privaten Haushalten. Und das sind **Heizung und Warmwasser**.

Verbrauch ist nicht gleich Kosten

Welche Rolle spielen die Kosten für Strom und Gas? Auch andere Bereiche als Heizung und Warmwasser sind wichtiger, als es zunächst scheint – denn auch die unterschiedlichen Kosten für Gas und Strom spielen eine wichtige Rolle. **Strom ist teurer als Gas.** Dadurch haben die Stromkosten gegenüber Gas einen höheren Anteil auf der Rechnung, als es der Verbrauchsanteil vermuten lässt. Während ich dieses Buch schreibe, kostet eine Kilowattstunde Gas 34,1 Cent (für Neukunden). Das ist der Stand am 31. August 2022. Eine Kilowattstunde Strom kostet knapp 42 Cent. Beides berichtet das Vergleichsportal Verivox.

Spannende Anteile

Das Statistische Bundesamt hat in seinen letzten ökonomischen Gesamtrechnungen folgende durchschnittliche Anteile ermittelt:

- Heizung: 70,7 % des gesamten Energieverbrauchs
- Warmwasser für Hygienezwecke: 14,7 %
- Haushalts- und Elektrogeräte: 7,8 %
- Kochen (+ Warmwasser für Geschirrspüler und Waschmaschine): 5,4 %
- Beleuchtung: 1,4 %

Bei Heizung und Warmwasser sitzen also zwei wichtige Gegner für uns. Die werden wir uns gründlich anschauen, wenn wir die Wohnung betreten. Aber wir werden auch die anderen Bereiche nicht vernachlässigen.

Für Alt-/Bestandskunden sind die Kosten meist deutlich niedriger. Öko-Test geht Ende August 2022 davon aus, dass Strom für Verbraucher dreimal so teuer ist wie Gas, mit 30 Cent für Strom und 10 Cent für Gas pro Kilowattstunde.

Die über 85 Prozent des Verbrauchs an Heizung und Warmwasser machen also bei den Kosten noch 66 Prozent aus. Zwei Drittel der Rechnung zahlen wir für den Gas-Anteil, ein Drittel für den Strom. Das bedeutet: Wenn es um die Geldbörse geht, dann ist Sparen bei Gas doppelt so effektiv wie bei Strom. Den mächtigsten Hebel beim Energiesparen können Sie über die Heizung ansetzen. Das gilt auch, wenn Sie nicht mit Gas heizen.

Ein Drittel Strom

Wenn man mit Gas heizt und warmes Wasser damit bereitet, den Strom für alles andere nutzt, dann ergibt sich nach den Verbrauchs-Anteilen des Statistischen Bundesamtes die folgenden Kostenanteile:

- Heizung (Gas): 55 % der gesamten Energiekosten eines Haushalts
- Warmwasser (Gas): 11 %
- Haushalts- und Elektrogeräte (Strom): 18 %
- Kochen (Strom): 13 %
- Beleuchtung (Strom): 3 %

Den Anbieter wechseln?

Ist es sinnvoll, den Strom- und Gasanbieter zu wechseln, um Energiekosten zu sparen? Wir haben schon über die **unterschiedlichen Preise für Neu- und Bestandskunden** geredet. Energieanbieter erhöhen und senken ihre Preise. Momentan erhöhen sie sie. Egal, wann Sie einen Anbieter wechseln möchten – neben dem angebotenen Preis sind auch die **Laufzeit der Tarife und eine Preisgarantie** wichtig.

Der Energiemarkt ist ein Markt wie jeder andere, wie etwa für Aktien, Bitcoin, Anleihen, Immobilien oder Gold. Die Preise verändern sich also ständig. Grundsätzlich ist es immer ratsam, nach seriösen Anbietern Ausschau zu halten, die günstig und verlässlich sind. Doch von Grundsätzen gibt es stets Ausnahmen.

Momentan geht es turbulent zu an den Märkten für Strom und Gas. Seit Herbst 2021 sind die Preise hoch und immer weiter gestiegen. Die Anbieter müssen sich die

Energie für höhere Preise beschaffen und steigern ihre Preise für die Verbraucher. Mitunter bieten sie keine Sondertarife für Neukunden mehr an.

Es gibt also weniger Tarife im Angebot als früher. Derzeit gehen Spezialisten nicht gerade davon aus, dass die Preise kurzfristig wieder sinken. Man kann also die Lage nur so nehmen, wie sie ist. Und das heißt: Es ist derzeit nicht unüblich, dass in bestimmten Regionen der **Grundversorgungs-Tarif am günstigsten** ist. Das bedeutet wiederum: Man spart gerade wenig bis gar nichts mit einem Wechsel des Anbieters. Attraktive Tarife sind zurzeit Mangelware.

Anbieterwechsel sind nicht immer anzuraten

Wenn Sie folglich noch einen günstigen Tarif haben und Ihr Anbieter den Preis nicht erhöht hat, dann bleiben Sie am besten bei Ihrem Bestandstarif. Aber auch falls der Anbieter Ihre Preise erhöht hat, sollten Sie in Ruhe

Der Energie-Tarif

Energie-Tarife setzen sich meist aus einer Grundgebühr und einem Preis pro Kilowattstunde zusammen. Dann gibt es Tarife, bei denen sich beide Werte je nach Energieverbrauch verändern. Manche Tarife kennen auch Rabatte, je nach Verbrauch. Es gibt Tarife mit fixen Preiskomponenten, Tarife mit Staffelpreisen, verbrauchsabhängige Rabatte, Standardtarife, Garantie-Tarife oder Tarife mit Indexkoppelung (Float-Tarife). Die letzten geben die Preisschwankungen an den Energiemärkten direkt an die Kunden weiter.

vergleichen und nicht, quasi unter Schock, Ihren Vertrag kündigen. Ihr Tarif (nicht unbedingt der Preis) kann trotzdem eine gute Option sein.

Eine Lanze für Grundversorger

Wenn der Anbieter Ihre Preise deutlich erhöht hat und Sie einen neuen Tarif suchen, was dann? Erkundigen Sie sich einfach bei Ihrem lokalen **Grundversorger** nach günstigen Tarifen.

Was können Vergleichsportale leisten?

Schauen Sie also mit Muße nach, wie Ihr **Grundversorgungs-Tarif** aussieht. Wenn Ihnen der nicht gefällt, dann erkundigen Sie sich doch bei anderen Versorgern oder Stadtwerken. Dazu können Sie **Vergleichsportale** im Internet nutzen. Bekannte Portale sind unter anderem Verivox oder Check24.

Der Grundversorger

Laut Bundesnetzagentur ist das der Versorger, der in Ihrem Netzgebiet vor Ort die meisten Haushalte mit Strom oder Gas (oder beidem) beliefert. Bei Fragen dazu können Sie sich an Ihren örtlichen Netzbetreiber wenden. Grundversorgung bedeutet: die Energielieferung in der Niederspannung (Strom) oder im Niederdruck (Gas) zu allgemeinen Preisen und Bedingungen. Darauf haben alle Haushalte Anspruch. Grundversorgungs-Tarife können Sie mit einer Frist von zwei Wochen kündigen.

Vergleichsportale wie Verivox & Co. leisten meist gute Arbeit und bieten eine ordentliche Orientierung. Aber: Bei der Nutzung sollte man wissen, dass diese Portale die Grundversorgungs-Tarife oft nicht einbeziehen und anzeigen. Es kann bei den schnellen Preiswechseln außerdem vorkommen, dass die Preise der Tarife nicht mehr stimmen. Dann sind sie veraltet, wirken dadurch günstig und erscheinen oben im Suchergebnis. Umgekehrt ist es möglich, dass auch aktuelle und günstige Tarife der Anbieter nicht im Portal erscheinen. Man sieht dann nur die höheren Tarife bei der Suche.

Die Verbraucherzentralen schätzen die Lage daher derzeit so ein, dass Vergleichsportale aktuell nur eingeschränkt nutzbar sind. Sie können ein Portal aber trotzdem gern dazu nutzen, um sich zu orientieren, ob ein Tarif günstig oder teuer ist. Wenn jedenfalls Ihr Tarif unter denen im Suchergebnis liegt, dann ist er günstig. Und ansonsten umgekehrt teuer.

Schauen Sie auf die Laufzeit

Wenn Ihnen die Tarife alle nicht zusagen, dann brauchen Sie sich nicht lang zu binden, sondern können auf eine **kurze Laufzeit** achten. Es gibt Tarife, die man zum Ende des Quartals oder sogar des Monats kündigen kann. Wenn sich mittlerweile ein besserer Tarif ergibt, dann schlagen Sie einfach zu.

Als Faustregel lässt sich sagen: Bei einem **akzeptablen Angebot** könnten Sie eine **Laufzeit von ein bis zwei Jahren** wählen, in Verbindung mit einer **Preisgarantie**.

Denn bei kürzeren Laufzeiten kann natürlich auch der neue Anbieter fristgemäß kündigen und Ihnen neue Angebote mit schlechteren Konditionen machen.

Ist eine Preisgarantie immer gut?

Das heißt aber nicht, dass man immer eine Preisgarantie wählen soll. Wenn die Preise gerade hoch sind und Experten mit fallenden Preisen rechnen, dann garantieren Sie für sich nur einen hohen Preis. Außerdem geht es darum, welche Komponenten eine Preisgarantie abdeckt. Daher: Preisgarantie ist nicht gleich Preisgarantie. Manche klammern Netzentgelte, Steuern, Abgaben oder Umlagen aus. Der Anbieter kann die Preise also trotzdem erhöhen.

Kündigen bei Erhöhung

Für Herbst 2022 erwarten die Verbraucherzentralen, dass die Preise für Strom und Gas noch weiter steigen. Eine Preisgarantie, idealerweise mit kurzer Vertragslaufzeit, könne daher vor steigenden Preisen schützen. Zur Not sei auch eine Laufzeit von zwei Jahren sinnvoll, weil die Beschaffungspreise noch nicht ganz bei den Verbrauchern angekommen seien. Aber auch ohne Preisgarantie brauchen Sie Erhöhungen nicht hinzunehmen: Bei Änderungen haben Sie immer ein **Sonderkündigungsrecht**.

Ganz allgemein gilt, abgesehen von besonderen Turbulenzen wie derzeit: Normalerweise ist es attraktiv, einen Tarif mit Preisgarantie zu wählen, wenn der Tarif akzeptabel ist. Entscheidend sind dann **Preis, Laufzeit und Umfang der Garantie.**

Dabei kann es bei Gas um bis zu etwa 35 Prozent des Gesamtpreises gehen, bei Strom um bis zu rund 50 Prozent.

Tricks der Versorger

Kommen wir noch zu beliebten **Tricks der Versorger**: Beliebt ist ein **Tarif mit Bonus**. Kurz gesprochen: Der ist im ersten Jahr günstig und danach teuer oder teurer. Ich will Ihnen von solchen Boni gar nicht abraten – allerdings könnten Sie ins Auge fassen, den Tarif ein Jahr später erneut zu wechseln. Bei den Bedingungen für Boni ist es auch besser, wachsam zu sein.

Dann wären da die beliebten **Prämien**. Früher in meiner Yps-Zeitschrift waren das die so genannten Gimmicks. Das kann alles Mögliche sein: ein Zeitungs-Abo, ein Fahrrad oder ein Smartphone. Meist zahlt man dafür einen höheren Grundpreis. Dann kauft man das Fahrrad lieber separat und schließt woanders ab.

Die Kilowattstunde

Lassen Sie uns jetzt ein Gefühl dafür kriegen, was ein so abstrakter Wert wie „Kilowattstunde" bedeutet. Solche Begriffe geistern ja laufend durch die Welt, aber was bedeutet eine Kilowattstunde konkret? Was kann ich im Haushalt damit machen?

Mit einer Kilowattstunde Strom kann ich 15 Hemden bügeln. Oder 70 Tassen Kaffee kochen. Ich kann 7 Stunden fernsehen, 40 Stunden lang CDs hören und eine Trommel Wäsche waschen. Und ich kann eine Stunde damit staubsaugen. Außerdem kann ich mit einer Kilowattstunde drei Minuten einen Durchlauferhitzer betreiben. Ich kann davon 20 Minuten einen Raum heizen. Oder fünf Minuten warm duschen.

Vorsicht beim Ökostrom-Tarif!

Last but not least: **Klima und Umwelt**. Sie möchten bei der Energiewende mithelfen? Super! Allerdings hilft ein Tarif mit Ökostrom kaum dabei. Der Ausbau erneuerbarer Energien finanziert sich in Deutschland hauptsächlich über die EEG-Umlage. Und die zahlen Sie sowieso. Einen zusätzlichen Nutzen fürs Klima haben **Ökostrom-Tarife** meist nicht. Dasselbe gilt bei Öko- und Klimagas.

Welcher Stromverbrauch ist normal?

Sicher haben Sie sich auch schon oft gefragt: Wie kann ich meinen Stromverbrauch auf der Rechnung einordnen? Welcher Verbrauch ist eigentlich „normal"? Mal unter uns: Was ist schon normal? Ich möchte Ihnen mit dieser Frage kein schlechtes Gewissen bereiten. Es hilft nur manchmal, wenn wir uns mit unseren Zeitgenossen vergleichen und sehen, wo wir stehen. Aber wie viel Strom ein Haushalt verbraucht, hängt von einer ganzen Reihe von Faktoren ab. Wie lange betreiben wir unsere elektrischen Geräte und wie oft? Wie viel Energie brauchen sie? Arbeiten wir zu Hause (neudeutsch: im Homeoffice) oder halten wir uns nur selten zu Hause auf? Wie viele Menschen leben unter einem Dach? In einem Haus oder in einer Wohnung? Alt- oder Neubau?

Jetzt können Sie das mit Ihrer Stromrechnung vergleichen. Die ist natürlich konkret und exakt. Trotzdem fragen Sie sich: Ist Ihr Jahresverbrauch „zu hoch“? Wie sieht

Die Stromverbrauchs-Formel

Um Ihren Stromverbrauch einzuschätzen, können Sie diese Formel nutzen:

1. Nehmen Sie Ihre Wohnfläche in Quadratmetern und multiplizieren Sie sie mit 9 Kilowattstunden.
2. Multiplizieren Sie die Mitglieder Ihres Haushalts mit 200 Kilowattstunden. (Bei elektrischem Warmwasser: mit 550 Kilowattstunden.)
3. Multiplizieren Sie die Zahl Ihrer Elektrogeräte, wie Waschmaschine, Kühlschrank, Herd et cetera, mit 200 Kilowattstunden.
4. Addieren Sie die Punkte 1.–3., und Sie haben eine Orientierung für Ihren jährlichen Stromverbrauch.

es beim Durchschnitt unserer Zeitgenossen aus? Was sagt die Statistik?

Je mehr, desto besser

Logisch: Größere Haushalte haben einen höheren durchschnittlichen Stromverbrauch. Allerdings sehen wir auch an den Zahlen: Jedes weitere Mitglied im Haushalt senkt den zusätzlich anfallenden Verbrauch. Gemeinsam zu leben, ist also günstiger. Man benötigt etwa nur einmal das Licht, den Kühlschrank oder die Waschmaschine. Darum leben Studenten auch gern in Wohngemeinschaften. Ganz abgesehen davon, dass das auch (meist) lustiger ist.

Und Ihr Jahresverbrauch?

- Eine Familie mit drei Kindern verbraucht im Schnitt 3.500 Kilowattstunden Strom im Jahr.
- Eine Familie mit zwei Kindern verbraucht im Schnitt 2.900 Kilowattstunden Strom im Jahr.
- Eine Familie mit einem Kind verbraucht durchschnittlich 2.600 Kilowattstunden Strom im Jahr.
- Paare verbrauchen durchschnittlich 2.100 Kilowattstunden Strom im Jahr.
- Single-Haushalte verbrauchen im Schnitt 1.500 Kilowattstunden Strom im Jahr.

Die größten Stromfresser

Welche Elektrogeräte fressen am meisten Strom? Wer ist da unser Hauptgegner? Der Bereich Kommunikation? Fernsehen und Co.? Oder sind es die Haushaltsgeräte? **Nein, es sind nicht die Haushaltsgeräte. Flimmerkiste und zugehörige Geräte machen mehr als ein Viertel des Verbrauchs aus.**

Das Jevons-Paradoxon

Zugegeben: Mir war der Begriff lange unbekannt. Was dahinter steckt, spielt aber beim Energiesparen eine wichtige Rolle. William Stanley Jevons war ein englischer Ökonom und Philosoph aus dem 19. Jahrhundert. Das nach ihm benannte Paradoxon beschreibt das Phänomen, **dass höhere Effizienz bei Energie und Ressourcen zu einem höheren Energieverbrauch führt**. Der wiederum frisst die Sparsamkeit der neuen Technik wieder auf. Man redet im weiteren Sinn auch vom Rebound-Effekt. Das Wort kennen Sie vielleicht aus dem Basketball. In unserem Fall bedeutet es: **Die bessere Energie-Effizienz prallt zurück**.

Ein Beispiel: James Watt hatte den Wirkungsgrad von Dampfmaschinen entscheidend verbessert. Sie verbrauchte also weniger Kohle als die frühere Variante und war sparsamer. Jevons stellte aber fest, das Englands Kohleverbrauch nach der Einführung der sparsamen Neuerung nicht sank, sondern stieg. Wie das?

Watts sparsame Erfindung machte die Nutzung der Kohle billiger. Seine Dampfmaschine verbreitete sich stark in

Verkehr und Industrie. Jede einzelne Nutzung war zwar effizienter als vorher, aber der gesamte Verbrauch nahm zu. Jevons befürchtete deshalb schon 1865 in seinem Buch „The Coal Question" eine baldige Energiekrise, weil die hohe Nachfrage nach Kohle auf Dauer nicht zu decken sei.

Der Mensch macht den Unterschied

Entscheidend sind also wohl nicht die Maschinen, sondern wir Menschen. Was bedeutet das konkret für uns heute? Das Umweltbundesamt hat ermittelt, dass private Haushalte im Jahr 2018 etwa ebenso viel Energie verbraucht haben wie im Jahr 1990, obwohl die Geräte in fast dreißig Jahren viel sparsamer geworden sind. Es hilft wenig, wenn wir Energiesparlampen einsetzen und dafür das Licht brennen lassen, obwohl wir für eine Weile nicht im Raum sind. **Omas Ratschläge („Licht aus!") sind also nach wie vor Gold und Geld wert.**

Ein weiteres Beispiel sind Fernseher. Der Stromverbrauch pro Quadratzentimeter Bildfläche sinkt zwar immer weiter – aber die Bildschirme werden immer größer. Daher

> *Was ich mit diesem Exkurs sagen will: **Nicht die Maschinen entscheiden letztlich über unser Energiesparen, sondern wir mit unserem Verhalten.***

nimmt die gesamte Leistung des Fernsehers zu und damit der Energieverbrauch. Oder wir legen uns ein Elektroauto zu und fahren dank „grünem Gewissen" damit Strecken, die wir früher mit dem Fahrrad gefahren sind oder geben mit der E-Karre Vollgas auf der Autobahn.

Noch eine Bemerkung, bevor wir in unsere Musterwohnung eintreten: Mit diesem Buch möchte ich Ihnen Tipps geben, die Sie praktisch, schnell und günstig umsetzen können. Hier geht es nicht um energetische Sanierung, bei der man ein ganzes Gebäude modernisiert. Das kann zwar oft sinnvoll sein, ist aber erst einmal mit hohen Kosten verbunden. Mir geht es auch nicht darum zu sagen: Kaufen Sie sich eine neue Waschmaschine oder einen neuen Kühlschrank. Zwar sind neue Geräte in den meisten Fällen sparsamer als die alten, aber ich möchte Ihnen vor allem so genannte „Lifehacks" präsentieren, also praktische Vorschläge, die Sie in Ihrer bestehenden Umgebung einfach anwenden können.

Genug der Vorrede. Betreten wir unser Refugium und betrachten es auf eine neue Art. Auf ins Abenteuer des Energiesparens!

Die Diele

Wir öffnen die Tür und betreten die Diele. Noch bevor wir das Licht anknipsen, spüren wir: ganz schön warm hier. So warm wie im Rest der Wohnung. Sehr gut. Hier haben wir gleich ein Beispiel, an dem wir unser Sparvorhaben hervorragend umsetzen können. Bei Heizung und Warmwasser zu sparen, bringt richtig viel, haben wir gerade gelernt.

Es gibt **smarte Thermostate**, mit denen Sie die **Heizung** in jedem Raum individuell programmieren können. Für unseren Eingangsbereich gilt: Hier halten Sie sich wahrscheinlich immer nur kurz auf. Also kann die **Temperatur hier ruhig niedriger** sein als im Rest des Wohnbereichs. Damit können Sie die Heizkosten erheblich reduzieren – wundervoll!

Mal runterschalten

Sie können aber auch einfach Ihre Heizung **ein paar Grad herunterschalten**, wenn Sie tagsüber arbeiten. Dasselbe gilt in der Nacht – da können Sie die Temperatur um 5 Grad reduzieren, ohne dass Sie dabei frieren müssen. Allerdings sollten sie die Heizung auch nicht weiter herunterdrehen, denn sonst kostet es mehr Energie, den Raum wieder aufzuheizen, als man vorher spart. 16 Grad genügen in Räumen, die Sie wenig nutzen. Lassen Sie die **Türen zwischen unterschiedlich beheizten Räumen am besten geschlossen**, auch das spart Heizkosten.

Sparen durch richtiges Lüften

Wussten Sie, dass Sie mit regelmäßigem **Lüften** auch **Heizkosten sparen**? Das klingt widersinnig, oder? Ist aber wahr. **Regelmäßiger Durchzug** führt zu geringerem Verbrauch von Energie. Das liegt daran, dass sich sauerstoffreiche Außenluft leichter erwärmt. Aber was heißt „regelmäßiger Durchzug"?

Dazu reichen jeweils **wenige Minuten, drei- bis viermal am Tag**. Dann kühlen die Wände nicht aus, und die Wohnung wird schnell wieder warm und gemütlich. Reißen Sie die Fenster für den Durchzug ordentlich auf. Wenn Sie sie nur kippen, tauscht sich die Luft nur langsam aus, und die Zimmer kühlen aus. Damit würden Sie im Gegensatz zum **Stoßlüften** mehr Energie als nötig verbrauchen. Den **Thermostat** stellen Sie **während des Lüftens auf null**.

Schlangen oder Dackel?

Sie brauchen nicht immer viel Geld auszugeben, um die Wohnung abzudichten und ordentlich Heizkosten zu sparen. Wohnen Sie vielleicht in einer Altbauwohnung mit einem Spalt unter der Wohnungstür, durch den die kalte Luft aus dem Treppenhaus kriecht? Für einen geringen Preis gibt es **Zugluftschlangen**. Man nennt sie auch **Zugluftstopper** oder **Wärmefänger**. Manchmal sehen sie auch aus wie Dackel. Es gibt ganz drollige Exemplare, wenn Sie mögen, sonst sind sie auch in schlichtem Design zu haben. Sie können aber auch Fenster mit Zugluftschlangen abdichten.

Solche Wärmefänger gibt es in verschiedener Länge, etwa ab einem Meter, passend für die Wohnungstür. Mit diesem einfachen Mittel hindern Sie die Luft daran, Ihre kostbare Heizenergie entweichen zu lassen. **Es ist eine gute und schnelle Möglichkeit, ohne bauliche Veränderungen etwas zu bewirken.** Man braucht nur den

Wärmefänger unten an die Tür zu kleben. Er macht jede Türbewegung mit. Am Fenster kann man den Stopper auch zwischen die Fensterwangen einklemmen.

Rollläden runter, Gardinen zu!

Sie können Ihr Heim auch ohne bauliche Veränderungen mit simplen Maßnahmen isolieren. **Schließen Sie nachts ganz schlicht die Rollläden oder Fensterläden und ziehen die Gardinen zu.** Das ganz allein ergibt schon einen Effekt. Im Winter hält diese einfache Maßnahme ein Stück Kälte draußen.

Sie können Fenster auch noch anders und günstig isolieren, und zwar indem sie **Luftpolsterfolie an den Scheiben** befestigen. Die kleinen Bläschen wirken nämlich prima isolierend. Licht kommt noch immer herein, nur können Sie nicht mehr gut hinausschauen. Wem das nicht gefällt: Vielleicht eignet sich dieser Tipp wenigstens für Räume, die Sie wenig nutzen. Mit etwas Phantasie lässt sich die Folie auch nett dekorieren.

Wer braucht nachts den Router?

Es ist dunkel, aber wir sehen im Flur etwas blinken, nämlich den **WLAN-Router**. Der läuft in den meisten Fällen Tag und Nacht. Warum eigentlich? Brauchen Sie ihn in der ganzen Zeit? Mal davon abgesehen, dass ständig laufende Router nicht nur den Stromverbrauch in die Höhe treiben, sind sie auch ein leichtes Ziel für Hacker. Vermeiden Sie beides: **Schalten Sie den Router nachts einfach ab** oder stecken Sie ihn aus.

- *Temperatur runter im Vorraum, wo man nicht so viel Zeit verbringt.*
- *Temperatur runter bei Abwesenheit und in der Nacht*
- *Türen zu zwischen den Räumen*
- *Zugluftstopper zum günstigen Isolieren von Türen und Fenstern*
- *günstig Isolieren mit Luftpolsterfolie*
- *LED-Energiesparlampen sind die Champions der Leuchten und schonen Natur und Geldbeutel.*
- *Stromfresser wie WLAN-Router nachts einfach ausschalten.*
- *Mit Mehrfachsteckern kann man leicht verschiedene Geräte vom Netz nehmen, die man nicht benötigt.*
- *Stoßlüften mit Durchzug (in der ganzen Wohnung)*
- *nachts Rollläden runter, Fensterläden und Gardinen zu*

Dasselbe gilt für **Ladekabel**, etwa vom Handy. **Wenn man ein solches Ladekabel in die Steckdose steckt, zieht es Strom. Immer. Auch wenn kein Gerät angeschlossen ist.** Eine prima Lösung können **Mehrfachstecker** sein. Die haben **Kippschalter**, mit denen man die Verbindung zum Stromnetz mit einem Klick unterbricht. Oder man zieht einfach das Ladekabel aus der Steckdose.

Champions der Leuchten

Schalten wir jetzt das Licht an. Die Beleuchtung macht rund acht Prozent der Stromrechnung aus. Hier können **LED-Energiesparlampen** glänzen, im wahren Sinn des Wortes. Sie sind sage und schreibe um das Drei- bis Fünffache sparsamer als herkömmliche Glühbirnen. Und auch was die Umwelt betrifft, sind sie die Champions: LED-

Lampen weisen die beste Gesamt-Ökobilanz aller energiesparenden Beleuchtungen auf. Glüh- und Halogenlampen schneiden am schlechtesten ab und sind damit ein klares „Don't".

Allgemein können Sie sich fragen: **Welche Lampen benutzen Sie in Ihrem Zuhause besonders viel und lang?** Diese Glühbirnen können Sie als erste auswechseln, denn dort sparen Sie am meisten.

- *Glüh- und Halogenlampen haben nicht nur eine besonders schlechte Ökobilanz, sondern sind auf Dauer auch teurer.*
- *Ladekabel ziehen Strom aus Steckdosen, auch wenn sie gerade kein Gerät aufladen.*

Die Küche

Für viele das Schmuckstück der Wohnung: die Küche. Hier halte ich mich persönlich gern und viel auf. Ich wette, viele von Ihnen auch. Was gibt es da in Sachen Energiesparen zu entdecken? Einiges, so viel verrate ich gleich. Denn dieser Raum hat oft den höchsten Energiebedarf. Hier stehen viele **Geräte, die rund um die Uhr in Betrieb sind**. Und laut einer Schweizer Studie macht **das Zubereiten warmer Speisen und Getränke zehn bis fünfzehn Prozent des Stromverbrauchs** im Haushalt aus. Das heißt: Hier gibt es viel Potential, um zu sparen.

Deckel drauf beim Kochen

Wir alle **erhitzen** vielfach **Wasser**. Wenn Sie das auf dem Herd tun – setzen Sie einfach den **Deckel auf den Topf**. Die Flüssigkeit kocht damit dreimal schneller als ohne Deckel! Denn bei einem offenen Topf entweichen 30 Prozent der Wärme ungenutzt nach oben. Mit Deckel sparen Sie Geld und verbrauchen viel weniger Energie. Noch fixer und sparsamer geht es mit einem **Schnellkochtopf**. Sogar im Vergleich zu einem Topf mit Deckel verbraucht der nur die Hälfte an Energie.

Wenn Sie einen älteren Herd haben, können Sie meistens den **Wasserkocher** zum Aufkochen verwenden. Das gekochte Wasser benutzen Sie dann auf dem Herd.

Übrigens: Gusseiserne Platten und Cerankochfelder sind träge und erwärmen sich nur langsam. Aber wie ist es mit **Induktionsherden**? Sie verbrauchen bis zu 30 Prozent

weniger Strom als Ceranherde. Allerdings ist bei einer Wassermenge bis 1,5 Liter auch hier der Wasserkocher im Vorteil. Und er ist auch sparsamer, als wenn Sie das Wasser aus dem Hahn erst warm werden lassen, bevor Sie es abfüllen. Am besten ist es, wenn Sie **nur so viel Wasser kochen, wie Sie brauchen**.

Eine Ehrenrettung des Gasherdes

Gasherde sind doch altmodische Energiefresser, oder? So wie Oma noch gekocht hat in der ollen Küche? Mitnichten! Gäbe es nicht schon den Retro-Trend, man würde sagen: Kochen mit Gas ist etwas für Trendsetter. Wenn Sie mit Gas kochen, dann sparen Sie deutlich mehr Energie als mit Strom. War Omas Herd also technisch voraus? Ja, insofern **ein Gasherd rund 58 Prozent der eingesetzten Primärenergie ausbeutet. Beim Elektroherd sind es nur 30 Prozent**, also nur rund halb so viel. Punkt für Oma!

Und Oma kriegt gleich noch einen Punkt: Wie wir gelernt haben, ist der **Gaspreis deutlich niedriger** als der Strompreis. Damit möchte ich nicht sagen: Steigen Sie vom Elektroherd auf einen Gasherd um, falls Sie elektrisch kochen. Denn ein neuer Herd geht erst einmal ganz schön ins Geld. Falls Sie aber ohnehin vor der Wahl stehen, dann beziehen Sie Gasherde ruhig in Ihre engere Wahl ein.

Spar-Team Wasserkocher und Herd

Gut, aber wie sieht es bei größeren Mengen Wasser aus? Nehmen wir an, Sie bereiten eine Pasta-Orgie für sich und viele hungrige Mäuler vor und brauchen dazu einen großen Topf mit reichlich kochendem Wasser: In dem Fall erhitzen Sie alles direkt auf dem Herd. Klingt komisch? Das Wasser kocht doch schneller vorher im Kocher, oder? Stimmt, aber in diesem Fall müssten Sie das Wasser zuerst im Kocher erhitzen und dann den Topf mit der größeren Menge Wasser ein zweites Mal zum Kochen bringen. Das wäre ein doppelter Energieverlust, so dass wir hier eine Ausnahme machen.

Entkalken!

Ihr Wasserkocher bleibt möglichst stromsparend, wenn Sie ihn **entkalken**, sobald Sie unschöne Schlieren sehen. Der Kalk isoliert die Spirale oder den Boden des Kochers, so dass unser Küchengerät mehr ackern muss, um das Wasser durch den Kalk zu erhitzen. Einfach ein wenig **Haushaltsessig** hinein, dann Wasser – nicht zu viel, es sprudelt! – und dann kochen lassen. Und zum Schluss das Ganze noch einmal, um den Essiggeschmack wieder loszuwerden.

Apropos Pasta-Orgie: Schnellkochende Nudeln wie **dünne Spaghettini** müssen Sie meist nur mit kochendem Wasser übergießen und dann auf niedriger Stufe auf dem Herd ziehen lassen. Dann kann auch kein Wasser überkochen. Ihre **Eier** können Sie auch **gleich im Wasserkocher kochen,** sofern er keine offenliegenden Heizstäbe hat. Für weiche Eier einmal aufkochen und 2 bis 3 Minuten ziehen; für ein hartes Ei dreimal aufkochen mit jeweils 1 bis 2 Minuten Pause nach dem automatischen Abschalten.

Ganz nebenbei: **Wasserkocher aus Metall** sehen zwar schick aus, aber sie kosten leider **mehr Energie**, weil das Metall selbst viel Wärme speichert.

Dampfgaren: gesund, sparsam und schnell

Falls Ihnen mein Tipp mit dem Wasserkocher zu unkonventionell ist, dann brauchen Sie auf dem Herd Eier – und auch Gemüse – nur **mit einer Höhe von zwei Zentimetern Wasser im Topf zu garen**. Die Speisen komplett zu bedecken, ist gar nicht nötig. Sie garen im **Wasserdampf** genauso gut. Ihr Vorteil: Mit weniger Wasser kocht es sich schneller und damit sparsamer. Dieses Vorgehen nennt sich übrigens **Ogi-Methode**: Der frühere Schweizer Bundesrat Adolf Ogi hatte die Energiesparidee, Eier in zwei Finger hohes, kochendes Wasser zu legen und nur noch einen **Deckel auf den Topf** zu legen. Bereits die **Restwärme** reicht aus, um die Eier zu kochen.

Eine Methode aber toppt sie alle: der **Eierkocher**. Nichts und niemand ist so sparsam wie er. Denn seine **Garzeit**

ist besonders gering. Er erreicht im **Nullkommanix den Siedepunkt** und braucht nur **sehr wenig Wasser.** Wie bei der Ogi-Methode kochen die Eier im Wasserdampf. Je mehr Eier Sie übrigens auf einmal darin kochen, desto weniger Wasser benötigen Sie. Denn der Wasserdampf kann dann an einer größeren Oberfläche von Eiern kondensieren und wieder verdampfen. Genial!

Multi-Küchengeräte pro und contra

Inspizieren wir weitere Küchengeräte. Wie sparsam sind sie? Beliebt sind aktuell **Multifunktions-Küchengeräte,** etwa der legendäre **Thermomix®.** Sie erledigen **die Aufgaben mehrerer Geräte in einem.** Dadurch benötigt man seltener den Herd oder den Ofen. Das **schont den Energieverbrauch und entlastet die Gas- und Stromrechnung.** Sie garen mit Dampf und können damit energiesparend kochen. Außerdem müssen Sie nicht mehrere Töpfe und Pfannen erhitzen, weil das Multi-Gerät alles auf einmal erledigt. Sie können damit Pizzateig und den Belag bereiten, Smoothies herstellen, Mandelmus selbst machen und vieles andere mehr. Dadurch sparen Sie auch bei den Kosten für den Kauf vieler Produkte – wie Gemüsebrühe, Mehl, Brot und Brötchen, Joghurt-Drinks, Frischkäse, Vanillezucker, Eis und so weiter und so fort. **Sie sparen auch Wasser, Spülmittel und Zeit.**

Aber ehe Sie sich so ein Teil zulegen, sollten Sie bedenken: Ihren Herd, den Backofen, den Pürierstab – gibt es das nicht schon alles in Ihrer Küche? Die sind funktionstüchtig und man braucht Sie nicht neu zu produzieren. Für die Herstellung neuer Geräte benötigt man eine Menge

Wie wär's gebraucht?

So ein Multifunktions-Küchengerät ist bei der Anschaffung erst einmal recht teuer. Die Geräte beginnen meist bei mehreren hundert Euro, „das Original" Thermomix liegt noch weit darüber. Eine energiesparende und günstige Möglichkeit kann es aber sein, ein Multi-Küchengerät zu erwerben, das jemand anders nicht mehr haben möchte, sprich: Secondhand. Das ist wirtschaftlich im Sinne einer energie- und kostensparenden Kreislauf-Wirtschaft. (Übrigens gilt das auch für alle anderen Bereiche.) Um an ein gebrauchtes Gerät zu kommen, gibt es inzwischen jede Menge konkurrierende Gebrauchtmarkt-Börsen im Internet.

neuer Energie, statt die alten einfach zu benutzen, bis sie kaputt sind. (Erinnern wir uns außerdem an das Jevons-Paradoxon.)

Für Sparfüchse: die Fritteuse

Wie sparsam ist eine **Fritteuse**? Das kommt darauf an. Wie alt ist sie? Welche Leistung hat sie? Aber um mich hier nicht herauszureden, versuche ich eine Antwort: Gehen wir davon aus, dass die Fritteuse in Ihrer Küche eine Leistung von 1.800 bis 3.000 Watt hat. So ein Gerät mit – sagen wir, um uns festzulegen – 2.500 Watt Leistung verbraucht also in einer Stunde 2,5 Kilowatt (-stunden). Bei unserem Strompreis für Neukunden, den wir eingangs errechnet haben, wären das also 2,5 x 42 Cent. Macht also genau einen Euro und fünf Cent. Das schon mal als Richtwert.

Wenn Sie **auf dem Herd frittieren** wollen, dann kommt es auf den Herd an – ein moderner Herd mit hoher Energieeffizienz kommt schon mit 0,4 bis 0,5 Kilowattstunden aus. Ein zehn Jahre alter Herd verbraucht hingegen rund 1,6 Kilowattstunden. Das macht also Kosten von:

- 0,4–0,5 x 42 Cent = 16,8 Cent bis 21 Cent pro Stunde

bzw.

- 1,6 x 42 Cent = 67,2 Cent pro Stunde.

Wenn wir Speiseöl in einem Topf erhitzen und damit frittieren, dann ist das zwar günstiger als mit der Fritteuse, wie wir sehen, aber **dann stinkt das wie in der Pommesbude, und zwar nicht nur in der Küche, sondern in der ganzen Wohnung!** Darum haben sich **Heißluft-Fritteusen** durchgesetzt. Das sind eigentlich gar keine Fritteusen, sondern **kleine Backöfen**, die mit Umluft arbeiten. Bei kleinen Mengen **toppen sie den großen Backofen in puncto Zubereitungszeit, Energiekosten und Umweltbelastung**.

Wann Backofen statt Heißluft-Fritteuse?

Eine Heißluft-Fritteuse kann **einen ordentlichen Backofen aber nicht ersetzen**. In so einen Backofen passen standardmäßig 54 Liter. Das sind allerdings auch 54 Liter Luft, die das arme Teil im Zweifelsfall erhitzen muss. Das reicht für 4 bis 5 Bleche. In so einem Ofen kann man also ganz viel Flammkuchen, Pizza, Kuchen und Kekse zubereiten. Ein Backblech fasst etwa eine Ladung Pommes Frites aus dem Beutel im Supermarkt, sagen wir 1 bis 1,2 Kilo. So viel passt letztlich auch in die Fritteuse.

Was folgt daraus für Sparfüchse? **Für kleinere Mengen eignet sich die Heißluft-Fritteuse besser als der Ofen.** Während letzterer, wie gesagt, erst die 54 Liter Luft in seinem Inneren erhitzen muss, muss die Heißluft-Fritteuse nur ihre Heizspirale erwärmen und die Luft im Innern verwirbeln. Das geht in 2 bis 3 Minuten. Dann können Sie in kleinen Mengen ganz viele schöne Dinge zubereiten: Ofengemüse, Chicken Nuggets, Frühlingsrollen, Frikadellen, Fischstäbchen, Pommes Frites natürlich. Sie können auch Kartoffelspalten und Bratkartoffeln warmmachen, Hähnchen backen, Tiefkühlgerichte in der Schale oder Aufbackbrötchen für den Sonntagmorgen erhitzen. Brötchen lassen sich hier schneller aufbacken als im Ofen. Dazu gibt es als Alternative noch den Toaster, aber über den sprechen wir noch.

Gar nicht so schwierig: zwei Töpfe übereinander

Ganz allgemein können Sie probieren, wie es ist, **„im Turm zu kochen"**. Stapeln Sie zwei gleich große Töpfe übereinander. Sie können im unteren Topf etwa Kartoffeln kochen und erwärmen darüber zum Beispiel Spinat. Und das mit nur einer Herdplatte!

Das Kochen im Turm ist Ihnen zu kompliziert? Und in Ihrer Küche steht noch ein **Dampfgarer**? Hervorragend! Auch damit können Sie Strom sparen. Im Vergleich zum Herd **sparen Sie damit rund 25 Prozent Strom**. Statt Ihr Essen auf drei Herdplatten zuzubereiten, können Sie es einfach im Dampfgarer in den Einsätzen stapeln. Sie schichten hinein, und der Dampfgarer übernimmt den Rest. Sie brauchen nicht ständig umzurühren und nicht aufzupassen, dass nichts anbrennt. (Die einfachste Methode, mit Dampf zu garen, ist der **Schnellkochtopf**, den ich bereits erwähnt habe.)

Ihr Freund, die Restwärme

Um richtig effektiv Energie zu sparen, beladen Sie den Dampfgarer am besten **so voll wie möglich**, mit **wenig Zwischenraum** zwischen den Einsätzen. Sonst kühlt der Dampf wieder aus, und das Gerät muss neue Energie für neuen Dampf aufwenden. Und wie ich immer wieder schreiben werde: **Restwärme, Restwärme, Restwärme!** Die ist Ihr Freund. Sie können den noch warmen Dampfgarer nämlich super zum Nachgaren nutzen. Vielleicht für ein warmes Dessert? Während Sie den Hauptgang genießen, wärmt ihr Gerät ganz entspannt die Nachspeise auf.

Ein **Slow Cooker**, auf gut Deutsch: **Schongarer**, benutzt dasselbe Prinzip wie der ECO-Modus bei Spül- und Waschmaschine: **Ein Gerät kann sparsamer arbeiten, wann man ihm mehr Zeit lässt**. Auch dieser elektrische Kochtopf. Wenn sich so ein Langsamkocher nicht zu hetzen braucht, dann ist er einem Herd oder einem Ofen überlegen. Meistens hat dieser behäbige Garer zwei

Stufen. Die geringere braucht **acht Stunden**. Die höhere gibt im Vergleich dazu etwas Power und ist schon in **vier Stunden** fertig. Ideal, wenn Sie morgens den Topf befüllen und starten – abends finden Sie ein fertiges Gericht vor.

Viel Zeit heißt: wenig Strom

Warum heißt der Slow Cooker auf Deutsch „Schongarer"? Er bleibt immer unter dem Siedepunkt, bei 75–90 Grad. Das erhält wichtige Nährstoffe. Nehmen wir jetzt an, Sie haben es nach den Maßstäben des Slow Cookers eilig und wollen in vier Stunden essen. Dafür geht der Topf an sein Limit und benötigt 200 Watt in der Stunde.

- In vier Stunden macht das 800 Watt, also **0,8 Kilowattstunden**.
- Bei einem aktuellen Neukunden-Strompreis von 42 Cent macht das 33,6 Cent.

Die Platten eines Ceranherdes haben eine Leistung von 1,5 Kilowatt bis 3 Kilowatt. Das wären in vier Stunden also **6 bis 12 Kilowattstunden**. Allerdings ist der Vergleich zugegebenermaßen nicht fair, weil der Herd ja gar nicht so langsam sein will wie der Schongarer. Allerdings auch nicht so wohltuend für die Nährstoffe.

Im Zweifel eine Nummer größer

Das Prinzip der **Wärmespeicherung** können Sie sich zunutze machen, und zwar auf Ihrem Herd. Nutzen Sie einfach die **Restwärme Ihrer Herdplatten**. Sie hält noch einige Minuten an, wenn Sie die Platte abschalten. Sie verbrauchen keine Energie, und das Essen bleibt trotzdem warm oder gart fertig. Am effizientesten kochen Sie auf dem Herd nach der Devise: **großer Topf auf großer Platte – kleiner Topf auf kleiner Platte**. Außer bei Induktionsherden, die immer die passende Platte erfordern. Wenn das Kochgeschirr aber nicht genau auf die Herdplatte passt: Nehmen Sie **besser die Platte, die etwas größer ist als der Topf, als die kleinere**. Eine zu große Heizspirale verbraucht nämlich immer noch weniger Strom als die Mehrenergie, mit der eine zu kleine Platte einen großen Topf erhitzen müsste.

Wenn Sie nur kleine Mahlzeiten erhitzen wollen geht das in der **Mikrowelle** sparsamer. Und wenn Sie nur **wenige Brötchen aufbacken** möchten, dann können Sie das **auf dem Toaster** machen, statt im Backofen. Mit diesem simplen Trick sparen Sie bis zu 70 Prozent Energie!

Vorteil: Umluft

Unter den Herdplatten gibt es noch mehr zu entdecken, den **Ofen** nämlich. **Was ist besser – Umluft oder Ober- und Unterhitze?** Für alle, die gern backen, hat Umluft den Vorteil, dass man mit Umluft mehrere Bleche gleichmäßig garen kann. Aber auch in Sachen Energie ist Umluft besser. Sie sorgt für eine bessere Verteilung der Wärme im Ofen. Dadurch reicht eine niedrigere Backtemperatur aus, bis zu ein Fünftel weniger. Und damit sparen Sie Energie.

Vielleicht haben Sie auch schon gehört, dass man **Backöfen nicht vorheizen** soll, um Energie zu sparen? Das stimmt nur zum Teil. Erstens wollen Sie ja ein durchge-

Wann vorheizen?

Wann ist das Vorheizen also sinnvoll und wann nicht? Faustregel:

- **Vorheizen bei Gerichten, die für kurze Zeit bei hoher Temperatur im Ofen sind.** Nehmen Sie davor alle Bleche heraus, denn auch das Erhitzen eines Backblechs kostet Energie.
- **Nicht vorzuheizen** brauchen Sie bei allen anderen Speisen, auch bei Kuchen, selbstgebackenem Brot, Aufläufen und Tiefkühlware.

Übrigens: Wenn Sie die Wahl zwischen Herd oder Ofen haben: Entscheiden Sie sich für den Herd! Der braucht viermal weniger Energie.

gartes Essen auf dem Tisch haben, und dazu benötigen Sie nun einmal eine bestimmte Zeit bei einer definierten Temperatur. Und wenn Sie dauernd die Ofentür öffnen, um zu prüfen, dann entweicht zu viel Wärme und damit Energie. Andererseits sparen Sie rund 20 Prozent Energie und Kosten am Ofen, wenn Sie nicht vorheizen.

Je länger, desto besser: die Spülmaschine

Kommen wir zur **Spülmaschine**. Hier denkt man sich gern: Je kürzer sie läuft, desto sparsamer. Nein, genau das Gegenteil ist richtig! Je weniger Zeit Sie der Maschine geben, desto mehr Energie muss sie aufwenden. Deshalb haben die meisten Spülmaschinen ein Sparprogramm, den Öko- oder Eco-Spülgang. Es läuft bis zu drei Stunden und erhitzt das Wasser nur auf etwa 50 Grad. Beim Normal- oder Kurzprogramm sind es rund 70 Grad. Geben Sie der Maschine also etwas mehr Zeit, und sie spart Ihnen dafür Strom und Geld.

Das Geschirr wird dabei ebenso sauber wie im Normalgang. Moderne Spülmaschinen sind übrigens **sparsamer mit Wassermenge und -wärme als das Spülen von Hand**. Ebenso wie bei der Waschmaschine gilt: **immer ordentlich voll machen**. Dann benötigen Sie weniger Spülgänge für Ihr Geschirr.

Man kann viel falsch machen: der Kühlschrank

Unser **Kühlschrank** soll kühlen. Dazu ist er schließlich da. Allerdings stellen viele Menschen ihn **allzu kalt** ein. Im Inneren befindet sich ja ein Rad, auf dem Stufen zwischen 1 und 5 stehen, manchmal auch zwischen 1 und 6 oder 7. Unsere Intuition verleitet uns gern dazu, die vorgeblich goldene Mitte zu wählen, nämlich 3 bis 4. Das ist aber mehr, als unsere Nahrung benötigt, um frisch zu bleiben. Die **Stufen 1 bis 2** sind vollkommen ausreichend, damit der Kühlschrank seinen Job erledigen kann. Damit erreicht er seine optimale Temperatur von **7 bis 8 Grad** im mittleren Kühlfach. Jedes Grad weniger kostet Sie unnötige Energie und damit bares Geld. Zusätzlichen Nutzen für

Was nicht hineingehört

Viele Lebensmittel sollte man übrigens **gar nicht im Kühlschrank** aufbewahren. Sie müssen zum Beispiel Zwiebeln oder Tomaten nicht kühlen. Aber auch Brot hat nichts davon, ebenso wenig wie Olivenöl oder Honig. Und Schokolade schadet die Aufbewahrung im Kühlschrank sogar. Kälte, Feuchtigkeit und fremde Gerüche mindern den Geschmack.

die Lebensmittel haben sie mit niedrigeren Temperaturen auch nicht.
Optimal für Ihren **Gefrierschrank** sind übrigens minus **18 Grad**.

Voll gewinnt

Läuft ein Kühlschrank eigentlich sparsamer, wenn er **voll oder leer** ist? Auf diese Frage gibt es leider keine einfache Antwort. Einerseits kann der Kühlschrank Luft deutlich schneller kühlen als Lebensmittel. Wenn die Lebensmittel aber erst einmal gekühlt sind, dann speichern sie die Temperatur länger als die Luft. Das Gerät kann die Temperatur darum leichter konstant halten.

Anders gesprochen: Der leere Kühlschrank wird schneller kalt, aber er wird auch schneller warm, wenn Sie die Tür öffnen. Wenn er dagegen voll ist, verliert er nicht so viel Energie, wenn sie die Tür öffnen. Wenn Sie also häufig an den Kühlschrank gehen, ist es sparsamer mit einem vollen Gerät.
In der Regel gewinnt also der gefüllte Schrank.

Styropor hilft

Wenn Sie ohnehin wenig Dinge im Kühlschrank haben, weil Sie schlicht nicht mehr benötigen – legen Sie doch **ein Stück Styropor hinein**. Warum? Dann entweicht beim Öffnen der Tür weniger kalte Luft. Ganz simpel einmal wieder, das Energiesparen.

Tür zu!

Damit die Temperatur erhalten bleibt, gilt, was Mutti schon immer sagte: **Kühlschranktür nicht zu lange offen lassen**. Sonst muss der Arme zu viel rackern, um die Temperatur zu halten. Das muss er auch, wenn sie **gekochte Mahlzeiten hineinstellen**, um sie frisch zu halten. Daher lassen Sie das Essen ruhig auf dem Herd ganz ohne Energieverbrauch **abkühlen**, bevor Sie es richtig kaltstellen. Andererseits können Sie **Tiefgefrorenes** hervorragend über Nacht **im Kühlschrank auftauen**. Die niedrige Temperatur des Gefrorenen entlastet das Gerät bei der Arbeit. Wenn Sie länger abwesend sind, dann können Sie den Kühlschrank einfach ausräumen und abschalten. Der Dauerarbeiter braucht auch einmal eine Pause.

Ein kleines Spiel

Energie sparen kann durchaus auch Spaß machen. Ich möchte Sie darum zu einem Spiel einladen: Schalten Sie eine **Taschenlampe** ein, legen Sie sie in den Kühlschrank, schließen die Tür und löschen das Licht im Zimmer. Sehen Sie das Licht der Lampe? Nein? Sehr gut. Dann ist der **Kühlschrank dicht**. Wenn die Türdichtung beschädigt oder porös ist, dann geht Energie nach draußen verloren. Sie merken das oft schon daran, dass sich die Tür zu leicht öffnen lässt.

Zwei, die sich nicht vertragen

In diesem Buch stehen **Spülmaschine und Kühlschrank** zwar eng beisammen – in Ihrer Küche sollten sie das aber nicht tun. **Die beiden vertragen sich nicht gut miteinander, wenn sie nebeneinanderstehen.** Und zwar aus demselben Grund, warum der **Kühlschrank auch den Backofen nicht in seiner Nähe mag**: Er will kühlen, und die anderen geben ihre Wärme ab. Beide Seiten arbeiten gegeneinander und wenden dabei unnötig mehr Energie auf als nötig.

Also: Falls sie solche unfreundlichen Nachbarn in der Küche haben, stellen Sie sie – wenn möglich – einfach um. Denn jedes Grad weniger in der Umgebung des Kühlschranks senkt seinen Stromverbrauch um sechs Prozent. Und das macht ganz schön etwas aus bei einem Gerät, das rund um die Uhr läuft.

Eisfach regelmäßig abtauen

Wenn sich in Ihrem Gefrierschrank oder der Kühltruhe Eisschichten bilden, dann isoliert sich das Gerät damit von der eigenen Effizienz. Tauen Sie darum das Eisfach am besten regelmäßig ab. Dann haben Sie nicht nur mehr Platz, sondern auch eine bessere Leistung. Das gilt auch beim Kühlschrank. Wussten Sie, dass 5 Millimeter Eis den Stromverbrauch des Geräts um 30 Prozent erhöhen?

Abstand halten

Hinten braucht der Kühlschrank ein wenig **Abstand zur Zimmerwand**. Dann kann die warme Luft ungehindert abziehen. Sonst sinkt der Wirkungsgrad des Geräts, und der Stromverbrauch steigt.

Ein cooler Trick

Ein kleiner Lifehack für den Sommer gefällig? Was sich absurd anhört, funktioniert tatsächlich: Sie können **Getränke ganz ohne Elektrizität kühlen**, indem Sie sie **in ein nasses Handtuch wickeln** und für eine halbe Stunde **in die Sonne legen**. Eine nasse Socke kann auch reichen. Da werden Cola, Bier und Co. doch noch wärmer, denken Sie? Keineswegs! Die Sonne sorgt nämlich dafür, dass das Wasser im Handtuch verdunstet. Diese Verdunstung benötigt Energie und entzieht dem Getränk die Wärme. Das Handtuch wird warm, das Getränk kalt. Ein im Wortsinn cooler Trick, finde ich!

Tricks für Sommer und Winter

Sie müssen Ihren Kühlschrank auch **im Sommer nicht höher** stellen **als im Winter**. Einem modernen Kühlschrank ist es egal, wie hoch die **Außentemperatur** ist. Er gleicht die äußere Wärme nicht mit zusätzlicher Leistung aus, sondern er hält die **Innentemperatur**, auf die Sie ihn einstellen. Egal, ob im Sommer oder Winter.

Die Gratis-Kühlkammer

Wenn es **Winter** ist und Sie einen **Balkon oder eine Terrasse** haben, dann besitzen Sie damit eine **Gratis-Kühlkammer**. Sie können die Lebensmittel dazu einfach in eine Box packen, sparen Platz im Kühlschrank und damit Strom und Geld.

Ja zum Leitungswasser!

Machen Sie es bei Durst ruhig wie Harald Schmidt: Sagen Sie „Ja! zu deutschem Wasser". Und zwar zu **Leitungswasser**. Die Trinkwasserqualität aus dem Hahn ist hervorragend. Kaltes Wasser aus dem Hahn ist der beste Durstlöscher. Es ist billiger als Mineralwasser aus dem Supermarkt, es benötigt keine Verpackung, und Sie müssen es nicht nach Hause schleppen. Im Sommer können Sie es auch in den wohltemperierten Kühlschrank stellen.

- *Sparsamere Geräte gebraucht kaufen*
- *Deckel auf den Kochtopf – oder Schnellkochtopf*
- *Wasserkocher einsetzen beim Kochen – nur mit so viel Wasser, wie Sie wirklich benötigen.*
- *Wasserkocher entkalken für mehr Power*
- *Eier im Wasserkocher kochen*
- *Spaghettini nur in kochendem Wasser ziehen lassen*
- *Garen in Dampf*
- *Eierkocher sind Spar-Champions.*
- *Bei großen Mengen Vorteil für den (Induktions-)Herd*
- *Thermomix® und Co. wieder öfter nutzen*
- *Heißluft-Fritteuse als kleinen Backofen einsetzen*
- *falls vorhanden: Dampfgarer und Slow Cooker entdecken*
- *Restwärme beim Kochen und Backen nutzen*
- *kleine Mahlzeiten in der Mikrowelle*
- *Kochen im Turm*
- *Töpfe passend zur Größe der Herdplatte – im Zweifel die größere Platte*
- *Brötchen auf dem Toaster aufbacken*
- *Backen mit Umluft*
- *Spülmaschine gut befüllen – sparsamer als Spülen von Hand*
- *ECO-Modus nutzen*
- *Tiefgefrorenes über Nacht im Kühlschrank auftauen*
- *Gefrierschrank regelmäßig abtauen*
- *Getränke im nassen Handtuch in der Sonne kühlen*
- *Leitungswasser trinken*
- *mehr Herd statt Ofen*
- *Kühlgeräte regelmäßig abtauen*
- *Terrasse und Balkon im Winter als Gratis-Kühlkammer nutzen*
- *Befreien Sie sich von unnötigen Geräten, indem Sie sie vom Netz nehmen und aufbewahren.*

Urlaub für Stromfresser

Ehe wir das Kapitel Küche abschließen, noch ein allgemeiner Rat: Viele Geräte laufen hier Tag und Nacht. Das bedeutet: Angeschlossene Stromnutzer ergeben nur einen Sinn, wenn Sie sie auch wirklich benötigen. Ansonsten befreien Sie sich doch einfach von unnötigen Geräten! Clean up your Life! – oder auf Deutsch: Wech damit! (Nicht wegschmeißen, sondern dem Gerät irgendwo im Heim Urlaub gönnen.) Nutzloses Zeug belastet nur und kostet. Nehmen wir an, in Ihrer Küche – vielleicht auch im Keller oder woanders – steht so eine Zweit-Kühltruhe. Die hat man oft nur in petto, wenn viel Besuch kommt oder falls mal eine Hungersnot hereinbricht – Letzteres also nach Stand der Dinge nie. Ansonsten steht sie nur da und macht eines: Strom fressen und Geld kosten. Wenn Sie die Zweitmaschine vom Strom nehmen und vielleicht im Keller parken, können Sie die erste bei Bedarf gleich ersetzen, wenn sie kaputtgeht. Außerdem haben Sie mehr Platz in der Küche selbst. Das funktioniert genauso mit allen anderen Geräten im Haus.

- *Wasserkocher aus Metall speichern zu viel Wärme und kosten mehr Energie.*
- *Kühlschrank zu kalt einstellen*
- *Kühlgeräte und Spülmaschine nebeneinander*
- *Unnötiges Vorheizen*
- *Kühlschranktür zu lange offen lassen*
- *Kühlschrank hinten zu dicht an der Wand*
- *Heiße Mahlzeiten in den Kühlschrank stellen*
- *Ofen vorheizen (in der Regel unnötig)*

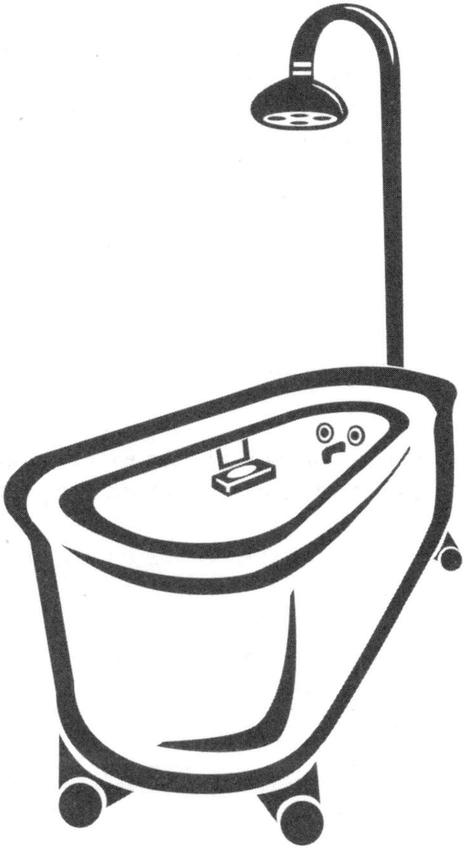

Das Badezimmer

Jeder Raum bietet Potential, um Energie zu sparen. So auch das Badezimmer. Auf den nächsten Seiten erfahren Sie, wie Sie besonders clever mit Waschmaschine, Dusche und Warmwasser umgehen.

Voll ist besser: Die Waschmaschine

Oft steht im Bad die Waschmaschine. Falls Sie einen Keller mit Waschmaschine haben, dann können Sie die folgenden Tipps dort genauso umsetzen. Wie holen wir also das Beste aus der Maschine heraus und sparen dabei viel Energie?

Damit die Wäsche sauber wird, müssen sich ausreichend Kleidungsstücke aneinander reiben. Allein schon deswegen ist es ratsam, die Trommel ordentlich zu beladen. Aber es kostet natürlich auch mehr Energie und Geld, wenn Sie jedes Mal wenig Wäsche in die Maschine stecken und damit öfter waschen müssen. Es gilt also der wohlbekannte Rat: **Maschine voll beladen**. Oben soll allerdings noch eine **Handbreit Luft** bleiben, damit die Wäsche Platz zum Wirbeln und Reiben hat.

30 bis 40 Grad reichen meistens vollkommen

Viele Menschen stressen ihre Waschmaschine mit zu hohen Temperaturen. Dabei wird unsere Kleidung genauso sauber und keimfrei, wenn wir den Regler herunterdrehen. Die Faustregel lautet: **30 bis 40 Grad reichen vollkommen aus**. Leicht und normal verschmutzte Wäsche

wird schon bei 30 Grad wieder sauber. Stärkerer Schmutz verschwindet bei 40 Grad. Schon bei diesen Temperaturen entfalten Waschmittel ihre volle Kraft. Wenn Sie mit 40 statt 60 Grad waschen, sparen Sie bis zu 40 Prozent Energie.

Wie bei der Spülmaschine ist hier ebenfalls das **Eco-Programm** unser Freund. Auch die Waschmaschine darf sich bei ihrer Arbeit länger Zeit lassen und läuft dadurch sparsamer. Eine **Vorwäsche** ist ebenfalls **nicht nötig**.

Es ist dasselbe Prinzip wie beim Auto: Wenn Sie mit 160 Sachen von Köln nach Düsseldorf brettern, sind Sie zwar schneller da als mit 120 km/h, aber Sie verbrauchen viel mehr Sprit.

Lüften statt waschen

Sie können auch seltener Ihre Waschmaschine beanspruchen, indem Sie **Hosen und Pullover abends gründlich lüften**. Hygiene ist wichtig, aber man braucht nur zu waschen, was nötig ist. Nehmen wir an, Sie möchten **empfindliche Kleidung aus Seide oder Wolle** waschen, die zusammen aber keine volle Ladung für das Feinwaschprogramm ergeben. In so einem Fall können Sie die **wenigen Stücke** auch mal **von Hand waschen**. Bei größeren Mengen ist die Maschine aber effizienter als die Handwäsche. Das ist das gleiche Prinzip wie bei der Spülmaschine.

Den Tipp mit dem **Abschalten von Standby** möchte ich bei der Waschmaschine noch einmal wiederholen. Damit ist das Gerät ja in Dauerbereitschaft und frisst unnötig Strom. Ein Stecker mit **Kippschalter** ist auch hier eine einfache Lösung.

Die Warmwasserversorgung nutzen

Wussten Sie, dass man viele **Waschmaschinen direkt an die Warmwasserversorgung anschließen** kann? (Das gilt übrigens **auch für Spülmaschinen**.) Das kann sich lohnen, wenn Sie **kurze Warmwasserleitungen** haben. Falls Sie etwa **Gas benutzen, um ihr Warmwasser zu bereiten**, dann können Sie bei jedem Waschgang bis zu einem Viertel der Stromkosten sparen. Den Stromfressern Waschmaschine und Spülmaschine sollten Sie sich ruhig ein wenig intensiver widmen, denn wir erinnern uns: Warmwasser ist ein bedeutender Posten auf der Rechnung. Und das Aufheizen des Wassers macht den Großteil des Verbrauchs bei beiden Geräten aus. Wenn das mit Strom geschieht, ist es besonders teuer.

Ein Blick auf die Zentralheizung

Wenn Sie Ihr Warmwasser **elektrisch** bereiten, mit einem **Elektroboiler** zum Beispiel, dann können Sie diesen Teil überspringen und anderswo nach Potential zum Sparen suchen. Ein Wechsel der Anschlüsse für Wasch- und Spülmaschine bringt dann natürlich nichts. (Ärgern Sie sich nicht, falls das so ist. Zum Sparen gibt es genug weitere Gelegenheiten.)

Wenn Ihr Warmwasser aber über die **Zentralheizung** läuft, also über **Gas-, Öl- oder Pelletheizung**, dann bekommen Sie das Wasser damit meist günstiger warm als mit Strom. In dem Fall gilt für den Warmwasseranschluss bei den Maschinen ein klares **„Go for it!"**
Das Gleiche gilt, wenn Sie **Sonnenwärme (Solarthermie)** für Ihr Warmwasser benutzen.

Kompliziert, denken Sie? Nein, einfacher, als man denkt. Entweder Ihre Maschine verfügt über einen integrierten Warmwasseranschluss, oder Sie fragen beim Hersteller nach: Ist die Maschine nicht doch für die Zufuhr von warmem Wasser ausgelegt? Meist ist das nämlich der Fall. Nur falls nicht, würde es dem Gerät schaden, wenn man heißes Wasser zuführt. Im Zweifel können Sie ein **Vorschaltgerät** installieren (lassen), das kaltes und warmes Wasser beim Zulauf im Schlauch mischt, damit die Waschmaschine wohltemperiert versorgt wird. Sie werden an Ihrer Rechnung sehen: Es lohnt sich.

Stromfresser Wäschetrockner

Der **Wäschetrockner** ist eine bequeme Sache, aber auch ein Stromfresser: Wenn Sie eine Ladung Wäsche darin trocknen, verbrauchen Sie doppelt bis dreimal so viel Strom wie bei einem Waschgang mit 60 Grad. Da unsere Wäsche erfreulicherweise ganz von allein trocknet, können wir auf den Trockner auch verzichten. Der gute alte **Wäscheständer** oder die **Leine** reichen vollkommen aus. Wenn Sie die Wäsche im Sommer draußen aufhängen, trocknet sie am besten. Sonst können Sie auch ein sonniges Plätzchen für den Wäscheständer hinter einem (möglichst großen) Fenster nehmen.

Falls Sie das nicht möchten, dann empfehle ich, die Waschmaschine **vorher gut schleudern** zu lassen. Je höher die Drehzahl ist, desto trockener kommt die Kleidung aus der Trommel. Bei **1.200 Umdrehungen in der**

Von Tennisbällen und gestülpten Socken

Wenn Sie Ihren Trockner benutzen, möchte ich Ihnen einen Kniff empfehlen: Legen Sie außer der feuchten Kleidung noch ein **trockenes Handtuch** hinein. Das nimmt die Feuchtigkeit auf und verteilt sie auf einer größeren Fläche, wodurch sie schneller verdunstet. Damit können Sie die Trocknungszeit reduzieren, und damit den Stromverbrauch. Sie können auch noch **Tennisbälle** hineinlegen. Die unterstützen den Schleudervorgang und verkürzen die Trocknung, weil die Nässe sich nicht in den Falten der Kleidung staut. Oder Sie nehmen **ineinander gestülpte Socken**.

Minute oder mehr benötigt ein Wäschetrockner später nicht mehr so lange Zeit und verbraucht weniger Strom. Falls Sie mit einem neuen Trockner liebäugeln: **Geräte ohne Wärmepumpe verbrauchen das Doppelte bis Dreifache an Strom im Vergleich zu Trocknern mit Wärmepumpe**. Sie erkennen die Sparsamkeit beim neuen Energie-Label am A (von A bis G.) Bei Geräten, die vor März 2021 in den Handel gekommen sind, ist das Nonplusultra der Sparsamkeit noch ein A mit drei Pluszeichen hintendran.

Weg vom Heizkörper

Keine gute Idee ist es, unsere **Kleidung auf dem Heizkörper** zu trocknen. Dadurch würde sich die warme Luftfeuchtigkeit in der Umgebung rapide erhöhen und in Winkeln und Ritzen sammeln. Schimmelpilzen sollte man keine Freude bereiten. Was man dagegen im **Winter** hervorragend machen kann: **Wäsche raus und gefriertrocknen**. Zumindest bei trockenen Minusgraden. Denn eisige Temperaturen lassen die tiefgekühlte Wäsche schnell trocknen. Das liegt daran, dass bei der Eiseskäl-

te die gefrorene Feuchtigkeit in der Wäsche verdampft, ohne vorher zu tauen. (Nennt sich Sublimation.)

Verschwenderischer Föhn

Kommen wir zum lieben **Föhn**. Durch seine hohe Wattleistung verbraucht der ganz schön viel Strom. Es geht zwar am schnellsten, wenn man die Haare auf der höchsten Stufe trocknet, aber Hitze schadet zum einen den Haaren und geht zum anderen ins Geld. Niedrigere Stufen tun es auch. Und im Sommer kann man die Haare auch kostenlos durch Sonne und warme Luft trocknen lassen.

Haben Sie eine **elektrische Zahnbürste**? Die muss nur **einmal in der Woche an die Ladestation**, das reicht vollkommen. Sparsamer ist dann nur noch die herkömmliche Zahnbürste.

Kaltes Wasser für die Hände reicht

Sauberkeit ist wichtig. Ihre Hände werden aber nicht sauberer, wenn Sie sie mit warmem Wasser waschen. **Kaltes Wasser reicht beim Händewaschen vollkommen aus. Jedes Mal, wenn wir den Wasserhahn warm aufdrehen, werfen wir die komplette Maschinerie für die Warmwasseraufbereitung an.** Und das für das bisschen Händewaschen! Erinnern wir uns, welch großen Anteil das warme Wasser am Verbrauch und an den Kosten hat. Das erhitzte Wasser hängt übrigens oft noch im Rohr, wenn wir schon längst fertig sind mit dem Händewaschen. Was für ein überflüssiger Luxus! Stellen Sie am besten einfach alle Armaturen auf „kalt“.

Während der Corona-Pandemie haben wir alle gelernt, wie sinnvoll es ist, sich die Hände gründlich zu waschen und einzuseifen. Nehmen wir uns also ruhig alle Zeit der Welt, unsere **Hände auch ordentlich einzuseifen**. In dieser Zeit wäre es aber vollkommen nutzlos, das Wasser währenddessen weiterlaufen zu lassen. **Stellen wir es doch einfach für diese Zeit ab**. Denn sonst rinnt kostbares Wasser in den Abfluss und damit auch unser Geld.

Duschen statt baden

Wenn Sie eine **Badewanne** volllaufen lassen, dann brauchen Sie dafür eine Menge heißes Wasser. Wenn Sie **duschen**, benötigen Sie nur ein Zehntel davon. Und es geht schneller. Außerdem können Sie den **Duschhahn abdrehen, wenn Sie sich einseifen**. Das ist wie beim Händewaschen

Bei den Kosten für Warmwasser lohnt es auch, sich einen **wassersparenden Duschkopf** zuzulegen. Damit können Sie Ihren Warmwasserverbrauch sage und schreibe **halbieren**! Und wie wir wissen, kostet es viel Energie, Wasser zu erhitzen – egal, ob mit Strom, Gas oder Öl.

Hintereinander duschen

Wenn Sie zu **mehreren in einem Haushalt** leben, hier ein guter Tipp: **Duschen sie knackig hintereinander weg**. Dann muss sich das Warmwasser nicht jedes einzelne Mal von Neuem erhitzen, sondern bleibt nach der ersten Duschen warm. Sie nutzen auch hier den mächtigen Hebel des Warmwassers beim Energiesparen.

Salz als Badlüfter

Einen **Badlüfter** benötigen Sie nicht, um nach dem Duschen die warme Feuchtigkeit aus dem Raum zu vertreiben. Und falls sich trotzdem einer in der Wohnung befindet, müssen Sie ihn nicht nutzen.. Es geht nämlich auch ohne Strom. Nehmen Sie sich ein paar **Schälchen** und füllen je **fünf Zentimeter Salz** hinein. Die verteilen sie im Badezimmer. Sieht sogar dekorativ aus. Das Salz entzieht der Luft die Feuchtigkeit. Sie werden sehen: Die Schalen füllen sich über ein paar Tage solange mit Wasser, bis der letzte Salzkristall aufgelöst ist. Das Salzwasser schütten Sie bloß in den Abfluss und befüllen die Schälchen neu. Damit haben sie einen guten **Zusatzeffekt zum Lüften**.

Kurz drücken: Das stille Örtchen

Dann wäre da noch „das stille Örtchen", die **Toilette**. Viele Menschen verbringen hier etwas Zeit, lesen vielleicht etwas, und kommen ein wenig zur Ruhe. Irgendwann ist jedoch der Moment da, an dem wir die Spülung betätigen müssen. Hier reicht in den allermeisten Fällen ein **kurzes Spülen**. Wir spülen ja mit Trinkwasser, und das ist kostbar und auf Dauer teuer. Die Vorrichtungen sehen unterschiedlich aus: Mal gibt es eine kleine und eine große Taste am Spülkasten, und oft befindet sich da eine

- *Waschmaschine voll beladen (mit Handbreit Luft nach oben)*
- *Waschen bei 30 bis 40 Grad reicht vollkommen aus.*
- *Eco-Programm nutzen*
- *Kleidung abends gründlich lüften*
- *wenige empfindliche Kleidungsstücke von Hand waschen*
- *Wasch- und Spülmaschine an die Warmwasserversorgung anschließen, falls geeignet*
- *Wäsche auf die Leine oder den Wäscheständer*
- *trockenes Handtuch, Tennisbälle oder gestülpte Socken in den Trockner*
- *bei Minusgraden Wäsche draußen gefriertrocknen*
- *elektrische Zahnbürste nur einmal in der Woche laden*
- *Hände waschen mit kaltem Wasser*
- *Wasser abstellen beim Einseifen der Hände*
- *Dusche statt Badewanne*
- *Duschhahn abdrehen beim Einseifen*
- *wassersparender Duschkopf*
- *bei mehreren: knackig hintereinander weg duschen*
- *Schälchen mit Salz ins Bad stellen*
- *Toilette nur kurz spülen*

Spülstopp-Taste. Nutzen wir sie! Sie spart bares Geld und geht sparsam mit dem kostbaren Wasser um.

- *Wäschetrockner sind Stromfresser.*
- *Warmwasseraufbereitung nur fürs Händewaschen anwerfen*
- *Kleidung auf der Heizung trocknen*
- *Föhn auf zu hoher Stufe nutzen*

Das Wohnzimmer

Home sweet home! My home is my castle! Zu Hause wollen wir es gemütlich haben, und für Gemütlichkeit steht besonders das Wohnzimmer. Dazu zählt auch, dass es hier angenehm warm sein soll. Das soll auch so bleiben. **Schließlich möchte ich Ihnen mit meinen Tipps das Leben nicht erschweren, sondern erleichtern.**

Vom richtigen Heizen

Keiner von uns will zu Hause frieren. Wenn Sie **richtig heizen**, dann haben Sie es warm und können enorm an Energiekosten sparen. Wenn Sie in Ihren vier Wänden die **Temperatur von 24 auf 20 Grad** drosseln, dann sparen Sie damit ... was meinen Sie? Wie viel? Fünf Prozent der Heizkosten? Oder gar zehn Prozent? Das wäre schon super! Aber es sind sogar 20 Prozent! **Ein Fünftel weniger!** Und das gilt natürlich auch für die **Emissionen**. Auf Neudeutsch: Eine Win-win-Situation. Laut den Verbraucherzentralen fühlen sich die meisten Menschen bei Temperaturen zwischen 18 und 22 Grad wohl. 20 Grad sind also die goldene Mitte.

Ziemlich teuer: elektrische Heizlüfter

Salopp ausgedrückt: **Sparfüchse nutzen keine elektrischen Heizlüfter**, zumindest nicht für größere Räume. Man nennt sie auch **Heizgebläse, Elektroheizer oder Schnellheizer**. Sie funktionieren im Grunde wie ein Föhn für die Haare: Im Innern befindet sich ein Heizelement und davor ein Ventilator. Hinten saugt das Gerät die Luft

So regulieren Sie Ihre Heizung richtig

Was uns zur nächsten Frage führt: **Wie stelle ich denn die Temperatur ein?** Auf Ihrem Thermostat stehen keine Angaben in Grad Celsius? Auf meinem auch nicht. Da stehen Ziffern. Aber das ist kein Problem. An diesen Ziffern können Sie sich gut orientieren. Bei den meisten Modellen erreichen Sie **20 Grad Raumtemperatur mit der 3**. Mit der 2 regulieren Sie auf 16-18 Grad. Im Einzelnen bedeuten die Stufen:

0 = Aus

* = 6 Grad

1 = 12 Grad

2 = 16 Grad

3 = 20 Grad

4 = 24 Grad

5 = 28 Grad

➤ *Diese Frage stellt sich natürlich nicht, wenn Sie eine Heizung haben, bei der Sie die Temperatur digital und exakt regulieren können.*

Denken Sie an den mächtigen Hebel, mit dem Sie Energie und Kosten beim Heizen sparen. Hier können Sie besonders viel erreichen als Sparfuchs.

des Zimmers an. Das Heizelement erwärmt sie, und der Ventilator verteilt die warme Luft im Raum. Heizlüfter sind **Direktheizungen**, das heißt: Sie produzieren **keine Strahlungswärme** wie Heizkörper oder Kaminöfen, sondern erwärmen die Luft direkt. Dadurch wirken sie sehr schnell, zumindest in der näheren Umgebung, aber nicht dauerhaft im Raum. Wir wissen ja schon vom Kühlschrank, dass Luft die Temperatur schlecht speichert.

Ineffiziente Stromfresser

Ich will Heizlüfter nicht rundherum verdammen. Sie sind günstig, praktisch und wirken schnell in der näheren Umgebung. Wenn es aber ums Energiesparen bei größeren Flächen und Ihre Stromkosten geht, dann sind sie ein klares **„Don't"** oder noch mehr: ein echtes **„No-Go"**. Warum?

Ebenso wie ein Föhn sind Heizgebläse Stromfresser und liefern dafür wenig Wirkung. Außerdem ist das Gebläse noch ganz schön laut und wirbelt Staub auf, was besonders schlecht für **Allergiker** ist. Staub oder Tierhaare können auf dem Heizelement verbrennen und riechen dann unangenehm. Die direkte Wärme wirkt nur richtig in der Nähe und ist nicht einmal so wohlig wie Strahlungswärme. Und durch den Luftzug trocknet die Luft im Zimmer

Nur die Anschaffung ist günstig

Das gilt übrigens für die meisten Elektroheizungen. Bitte lassen Sie sich also nicht von den niedrigen Kosten eines Heizlüfters bei der Anschaffung verführen. Das dicke Ende kommt hinten, bei der Stromrechnung. Sagen wir, Sie gehen in den nächsten Baumarkt und finden da ein Heizgebläse für maximal 200 Euro. Das läuft mit einer Leistung von 2.000 Watt am Tag fünf Stunden lang. Macht nach Adam Riese 10 Kilowattstunden Strom täglich. Bei einem Strompreis, wie wir ihn „vor dem Eintreten" für Neukunden ermittelt haben, nämlich 42 Cent pro Kilowattstunde, macht das 4,20 Euro am Tag. Läuft das Gerät einen Monat lang fünf Stunden täglich, dann kostet nur dieser eine Lüfter Sie 120 Euro extra im Monat.

schneller aus. Sinnvoll einsetzen kann man sie nur **sporadisch in kleinen Räumen**, etwa in einer Werkstatt, einem Wintergarten, einem Gewächshaus, in Bad oder Wohnwagen. Aber **als dauerhafter Ersatz für die Heizung in einem Wohnraum taugen sie nichts, nicht einmal als Zusatzheizung**. Dazu sind sie im Betrieb viel zu teuer.

Keramik kann's besser

Aber ich will Ihnen nichts vorpredigen. Wenn Sie einen Heizlüfter wollen, dann denken Sie vielleicht an einen Elektroheizer aus **Keramik**. Genauer gesagt, ist hier das Heizelement aus Keramik. Dadurch kann es die Wärme besser und gleichmäßiger abgeben als Modelle aus Metall oder Kunststoff. Keramik-Heizgebläse sind außerdem langlebiger. Allerdings sind sie auch schwerer, dafür kippen sie nicht so leicht.

Ein Wort vom Präsidenten

Ich möchte noch einmal die Bundesnetzagentur zitieren: Ihr Präsident Klaus Müller hat den Bürgern im September 2022 davon abgeraten, im Winter Heizlüfter zum Wärmen ihrer Wohnungen zu nutzen. Der Einsatz elektrischer Geräte sei sogar teurer als das Heizen mit ohnehin schon teurem Gas. Die Stromfresser könnten bei zu häufiger Nutzung dazu führen, dass in einigen Gebieten das Stromnetz überlastet werde und ausfalle. Die Bundesnetzagentur schloss sich einer Aussage des Deutschen Städte- und Gemeindebundes an. Vielleicht zeigt das noch einmal deutlich, **wie viel Energie ein Elektroheizer frisst**.

Die Kleidung: Bleiben Sie flexibel

Wenn ich von Heizlüftern abrate, **was rate ich Ihnen denn dann an**, wenn es Ihnen zu kalt wird in der Wohnung? An dieser Stelle möchte ich Ihnen kurz meine Freundin Anja als „special guest" dieses Buches vorstellen. Anja ist unsere Expertin dafür, **sich den Temperaturen entsprechend anzuziehen**. Denn mal ehrlich: **Wenn es draußen kalt ist, dann muss man die Wohnung nicht auf Hochsommer heizen, nur um im T-Shirt herumzulaufen**. Jede Jahreszeit hat ihre schönen Seiten, man muss sie nur wahrnehmen. Und die Herbst- und Wintermonate sind nun mal die, in denen man es sich zu Hause **kuschelig** macht.

Der Zwiebel-Look

Aber zuerst einmal der **Universal-Tipp gegen das Frieren**: Zwiebellook! (Pullover gehen natürlich ebenso, nur schält man sich aus ihnen nicht so heraus wie bei einer Zwiebel.) Man kombiniert einfach mehrere, eher dünne Kleidungsstücke übereinander. Wird es zu warm, legt man eine Schicht ab, friert man, kommt eine weitere Schicht dazu. Ideal sind hier Strickjacken oder Cardigans. Entscheidet man sich für einen Long-Cardigan, geht man gleichzeitig mit der Mode.

Wollsocken, Norweger – jedenfalls warm

Und noch etwas ist in der Handarbeitsszene seit einigen Jahren hoch in Mode: **richtig schöne warme Wollsocken**. Allerdings nicht irgendwelche. Coole Wollsocken

Der Lagenlook

Apropos Mode: Die „Fashion"-Alternative zum etwas biederen Zwiebelprinzip heißt **„Layering"** oder auch **Lagenlook**. Trick Nummer eins besteht hier darin, dass die übereinander getragenen Kleidungsstücke unbedingt unterschiedlich lang sein müssen, so dass man die einzelnen Lagen sieht. Trick Nummer zwei heißt kontrastieren oder in der Modesprache „matchen". Kombinieren Sie Seide mit Jeans oder grober Wolle, ein Spitzenkleid mit einem Hoodie. Hier ist Kreativität gefragt. Menschen, die Spaß an Handarbeit haben, können sich ihre Cardigans übrigens auch selbst stricken. Anleitungen dazu, auch per Video, bietet das Internet reichlich.

werden aus Farbverlaufsgarnen gearbeitet: Die Wolle ist bereits so gefärbt, dass sich beim Stricken von alleine Farbstreifen ergeben. Mittlerweile bekommt man sogar Sockenwolle, die automatisch ein **Norweger**-Muster bildet. Diese Wollsocken lassen sich in allen Stärken stricken: Aus dünnem Garn passen sie problemlos in Schuhe, die dicken trägt man im Haus über den normalen Socken. Wer eine **Sohle darunter näht**, der erhält sogar seine ganz persönlichen **Hausschuhe** – garantiert nicht von der Stange.

Komm unter meine Decke

Noch einmal zurück zum Stichwort **„kuscheln"**: **Decken** sind etwas Herrliches, um sich abends warm darin einzupacken. Das ist wirklich gemütlich, gerade, wenn man es zu zweit tut. Falls Sie so eine Decke selber herstellen wollen, dann „patchen" Sie doch einfach eine aus Wollresten. So verwerten Sie gleich auch noch übriggebliebene Wolle. Aber Achtung: Für eine große Decke braucht man sehr viele Reste!

Diese Fasern halten gut warm

Und hier noch eine kleine Materialkunde, natürlich nur aus Naturfasern, genaugenommen – weil es ja warm sein soll – aus Tierhaaren:

Erschwinglich ist

- Wolle (Merino-Wolle ist deutlich hautverträglicher als Schurwolle)

Etwas teurer sind dagegen

- Angora und
- Alpaka

Und wer sich etwas ganz Besonderes leisten will, der entscheidet sich für

- Kaschmir.

Benötigen Freiraum: Heizkörper

Weiter geht's. Auch **Heizkörper brauchen Freiraum.** Damit sie optimal arbeiten können, wollen sie **freistehen.** Wenn Gardinen davorhängen oder Sessel davorstehen, kann die Heizung ihre Wärme nicht so gut an den Raum abgeben. Im Gegenteil staut sich die Wärme dann und verteilt sich nicht gleichmäßig im Raum. Wenn Sie Möbel vor eine Heizung stellen wollen, dann lassen Sie einfach rund **30 Zentimeter Abstand.** Auch Staub und Flusen können es der fleißigen Heizung erschweren, ihre Wärme abzugeben. Also einfach **ab und zu wischen** – fertig.

Wenn Sie noch mehr tun wollen, geht das **auch für wenig Geld**: mit **alu-kaschierten Dämmplatten.** Heizkörper sollen ja nicht ihre Nische erwärmen, sondern den Raum. Eine Alufolie reflektiert die Wärme, wenn man sie hinter der Heizung an der Wand anbringt, und isoliert die Wand. Damit können Sie clever die Heizkosten weiter senken. Zusammen mit dem Freiraum um den Heizkörper **sparen Sie damit mehr als fünf Prozent Ihrer Heizkosten**.

Luft im System?

Sitzen Sie vielleicht gerade im Wohnzimmer auf dem Sofa, lesen dieses Buch und hören die **Heizung gluckern**? Fassen Sie sie an. Wenn der Heizkörper nicht richtig warm ist, dann ist vielleicht **Luft** im System. Das verbraucht mehr Energie als nötig. Aber das können Sie selbst regeln: mit einem **Entlüftungsschlüssel** können Sie die Luft ganz einfach herauslassen aus dem warmen Heizkörper.

Ich möchte Ihnen empfehlen, jedenfalls vor Beginn der Heizsaison die Heizkörper zu lüften. Es bringt was!

ECO-TV

In vielen **Wohnzimmern** steht ein Fernseher, der manchmal sogar recht dominant im Raum ist. Wussten Sie, dass auch sein Bildschirm einen ECO-Modus hat? Gerade bei großen Monitoren bringt es viel, diese Funktion zu nut-

Das Handy wird zur Stereoanlage

Oft stehen in Wohnzimmern große **Stereoanlagen**. Die sind teuer und verbrauchen mindestens 80 Watt Strom in der Stunde, wenn Sie Musik laufen lassen. So eine Anlage besteht aus einem Quellgerät (ähnlich einem Radio), einem Verstärker und zwei Lautsprechern. Das läppert sich beim Energieverbrauch. Nehmen wir an, Sie schmeißen eine Party, und Ihre Musikanlage geht kaputt, oder Sie wollen einfach nicht so viel Geld ausgeben, um Beethoven, Beatles und Co. mit ordentlich Power zu hören. Dann gibt es einen prima Lifehack! Er wirkt ganz schön cool und spart außerdem Energie und Geld.

Nehmen Sie eine leere runde Dose für Stapelchips und verwandeln sie in einen Verstärker für Ihr Smartphone! Ein modernes **Handy** benötigt für eine komplette Ladung nur gut 14 Wattstunden. Schneiden Sie am unteren Ende waagerecht einen Schlitz in die Dose, etwa so breit wie Ihr Handy. Dann schalten Sie die Musik auf dem Smartphone ein und stecken es in den Schlitz, so dass die Lautsprecher in der Dose liegen. Jetzt runter mit dem Deckel von der Dose – fertig ist der Sound!

zen. Das Bild wird dadurch etwas dunkler, was durchaus angenehm sein kann für Ihr Erlebnis beim Schauen von Filmen und anderen Sendungen. Probieren Sie es einfach aus.

Klimaanlage für heiße Sommer im Eigenbau

Durch den Klimawandel wird es immer häufiger richtig heiß im Sommer. Das kann unangenehm werden in der Wohnung, besonders in Dachwohnungen oder bei großen Fensterfronten, die die Wohnung zum Treibhaus machen. Wie gerne hätte man da eine **Klimaanlage**! Abgesehen vom hohen Preis für Kauf und Installation sind Klimaanlagen aber auch wahre Stromfresser. Sie funktionieren im Prinzip wie Kühlschränke, müssen aber viel größere Räume kühlen. Wenn Sie eine Klimaanlage nur 30 Tage im Jahr benutzen, dann verbraucht sie mehr Strom als der Kühlschrank im ganzen Jahr.

Zum Glück gibt es wieder einen **Lifehack für heiße Sommer**: Sie können sich mit einfachen Mitteln selbst Ihre Klimaanlage bauen. Dazu benötigen Sie einen Ventilator, einen Eimer, ein Handtuch und Wasser. Damit geht es auf in den Kampf gegen tropische Temperaturen. Angenehm kühl wird es, wenn Sie Folgendes tun: Machen Sie ein großes Handtuch ganz nass und legen es über einen Stuhl. Füllen Sie einen Eimer mit Wasser und hängen das untere Ende des Handtuchs hinein. Jetzt schalten Sie den Ventilator ein und richten ihn auf das Handtuch. Hierdurch verdunstet das Wasser im Tuch, weil es der Umgebung Wärme entzieht. Durch das Wasser im Eimer kann das Handtuch immer neue Feuchtigkeit aufnehmen. Damit senken Sie die Temperatur in Ihrer Wohnung um mehrere Grad.

Ventilatoren für Sparfüchse

Abraten möchte ich Ihnen **von mobilen Klimageräten**. Kurz gesagt: Die lohnen nicht. Bei heißen Sommern sind sie zwar oft ausverkauft, wenn Menschen Abkühlung in ihren vier Wänden suchen und die Kosten einer zentralen Klimaanlage scheuen. Aber: Bitte widerstehen Sie dieser Versuchung. Einerseits treiben mobile Klimageräte Ihre **Stromrechnung beträchtlich in die Höhe**. Und andererseits sind die Geräte bei großen Räumen meist **überfordert**. Schlaue Füchse nutzen **Ventilatoren**. Die kühlen Sie ebenso ab und verbrauchen viel weniger Strom.

Licht ist Leben

Elektrisches Licht nutzen wir überall, vom Keller bis zum Dachboden. Weil das Wohnzimmer ein Ort ist, an dem wir uns viel und gern aufhalten, gehen wir einmal exemplarisch hier durch, wie einfach das **Energiesparen beim Licht** aussieht. Beginnen wir mit dem Offensichtlichen: Licht soll eine schöne Atmosphäre erzeugen und unser Wohlbefinden steigern. Wenn es in einem Raum brennt, in dem wir uns nicht aufhalten, dann bringt uns das nichts, sondern kostet nur unnötig. Geben wir der Beleuchtung also eine Pause, und **schalten das Licht aus, wenn wir einen Raum verlassen**. Damit kümmern wir uns um unsere eigenen vier Wände, die Langlebigkeit der Beleuchtung, unser Portemonnaie und die Umwelt.

Sie wollen es **behaglich und zugleich sparsamer** haben? Dann nutzen Sie einfach **mehrere kleine Lichtquellen im Raum statt einer großen**. Sie werden sehen: Die At-

mosphäre wird angenehmer als bei einer einzigen großen Deckenlampe, und weniger Strom verbrauchen Sie auch. **Helle Wände** schlucken weniger Licht als dunkle, denn helle Farben reflektieren das Licht. Ihre Zimmer sind dann automatisch heller, und Sie müssen nicht so häufig das Licht einschalten und Energie verbrauchen.

Mit **Staub auf Lampen** ist es wie mit Kalk im Wasserkocher oder im Bügeleisen – er behindert die Abgabe der Energie, diesmal in Lichtform. Stauben wir also hin und wieder unsere Leuchten und Lampen ab. Das ist nur ein kleiner Wisch, und vom Licht geht nichts mehr verloren. Machen Sie das am besten nur bei abgeschalteter Beleuchtung und erst, wenn die Glühbirnen nicht mehr warm sind. Wir wollen ja nicht, dass jemand sich verbrennt!

Kerzen und Teelichter spenden mehr als Licht

Behaglich, stimmungsvoll, gar romantisch – dafür stehen **Kerzen und Teelichter**. Und sie dienen nicht nur der **Beleuchtung** und der **Dekoration**, sondern sie können auch eine beachtliche **Wärmequelle** sein, wenn wir sie richtig einsetzen. Wie ich in der Einleitung schrieb, geht es mir darum, mit dem Energiesparen auch unser Lebensgefühl zu verbessern und unser Wohlbefinden zu steigern. Kerzen und Teelichter sind ein weiteres schönes Beispiel dafür.

Schöner leben mit Kerzen!

Wie können wir **mit Kerzen romantische Stunden verleben und gleichzeitig Strom sparen**? Kerzen erzeugen außerdem eine nette Stimmung, wenn Gäste kommen. Also: Wie sieht **„schöner leben mit Kerzen"** aus?

- Der Klassiker sind die **Candle-Light-Dinner**. Genießen Sie ein gemeinsames Mahl bei Kerzenschein auf hohen Kandelabern oder mit kleinen Windlichtern. Himmlisch!
- Vielleicht lesen Sie Ihren Kindern (oder auch Ihrem Partner) **bei Kerzenschein ein gutes Märchen oder eine stimmungsvolle Geschichte** vor. Das Kerzenlicht wird den Effekt noch verstärken.
- Vom Baden habe ich im Vergleich zum Duschen ja abgeraten. Energie zu sparen, soll aber ja nicht Verzicht in dem Sinn bedeuten, sich nicht mal **etwas zu gönnen**. Wenn Sie sich also einmal eine Badewanne einlassen – genießen Sie sie in vollen Zügen und entspannen dabei. Versuchen Sie es doch einmal abends,

und zwar **ohne elektrisches Licht, sondern bei Kerzenschein**. Die Kerzen werden das Erlebnis des warmen Bades noch einmal verstärken.

- Dasselbe Prinzip gilt abends **im Schlafzimmer.** Wenn Sie allein lesen wollen, wird es dabei richtig kuschelig. Und wenn Sie nicht allein sind, fällt Ihnen schon etwas ein ...
- Falls Sie meditieren, dann können Sie den Effekt ganz ohne Strom mit Kerzenlicht verstärken.
- Kerzen können auch einen **beruhigenden Geruch** haben. Oder Sie verwenden **Räucherschalen** über Teelichtern.
- Wenn Sie mal draußen sind, auf Balkon oder Terrasse, dann erzeugen **verglaste Laternen** mit Kerzen eine zauberhafte Stimmung. Die werden auch Ihre Gäste empfinden oder Sie selbst beim Eintreten, wenn solche Laternen vor dem Eingang stehen.

Tolles Teelicht

Widmen wir uns nun dem **Teelicht-Ofen**, auch **Blumentopf-Ofen** oder **Teelicht-Heizung** genannt. Nie gehört? Im Prinzip ist das ein **Kachelofen in Miniaturform**. Vorausgeschickt: **Damit können Sie keinen ganzen Raum beheizen**, nicht einmal einen halben, aber so ein Mini-Ofen strahlt eine **angenehme Wärme** ab und kann als **zusätzliche Wärmequelle** dienen. So einen kleinen Kachelofen können Sie fertig kaufen, oder einfach selbst bauen. (Das kann sogar ich. Und ich habe wahrlich zwei linke Hände!)

Meistens nimmt man dazu zwei Blumentöpfe aus Keramik. (Einer reicht aber auch.) Die drehen Sie um und stülpen sie über ein Teelicht in einer Schale (oder ein Stövchen). Das erwärmt nun die Töpfe und die Luft dazwischen (Prinzip Kachelofen). Dadurch ergibt sich eine **angenehme Wärmestrahlung, aber nur in der nahen Umgebung**. Anders als Heizlüfter erwärmen solche Mini-Öfen nicht die Luft direkt, sondern die Keramik und damit indirekt die Umgebung.

Vorsicht, Brandgefahr!

In einer Stunde verbrennen also fünf Gramm Wachs. Die erzeugen 50 Watt, was reicht, um einen Quadratmeter zu heizen. Das ist das Minimum, das unsere Heizung erreicht. Pro Quadratmeter rechnet man sonst mit bis zu 100 Watt Heizleistung.

Teelicht-Öfen ersetzen also auf gar keinen Fall die Heizung, außer wir stellen **pro Quadratmeter einen Blumentopf-Ofen auf – und das tun wir besser nicht! Das wäre viel zu gefährlich.** Denn wie steht es um die **Sicherheit**, gerade bei so massenhaftem Gebrauch? Energie-Experten der Verbraucherzentrale Nordrhein-Westfalen verweisen auf die Parallele zu Weihnachtsbäumen mit echten Kerzen. Die erzeugen im Umfeld zwar wirklich eine angenehme Wärme. Aber die Brandgefahr ist einfach hoch. Das gilt bei Teelicht-Öfen besonders dann, wenn **mehrere Teelichter dicht beieinander** stehen. Daher achten Sie auf folgende Warnhinweise: Immer genügend Abstand zwischen den Teelichtern lassen und eine feuerfeste Unterlage benutzen. Halten Sie einen geeigneten Feuerlöscher parat, denn ein Wachsbrand darf niemals mit Wasser gelöscht werden.

Solche Teelicht-Öfen sind wie gesagt **nur ein nettes Accessoire**. Wenn man die Blumentöpfe nicht direkt auf der Schale unter dem Teelicht aufsetzt, sondern eine Lücke setzt, ergibt sich außerdem ein **aparter Lichteffekt**. Das Flackern der Kerze beruhigt zudem unsere Nerven und suggeriert Wärme. Damit ist er **vor allem eine nette Dekoration.**

Teelichter gemütlich nutzen

Wenn man in einer Wohnung etliche Teelichter aufstellte, um mit dem Blumentopf als „Verstärker" eine Wohnung zu heizen, dann bekäme man **auf Dauer ein echtes Schadstoffproblem**. Um diesen Abschnitt jetzt wiederum nicht allzu sehr ins „Anti-Teelichter"-Thema driften zu lassen: Ich mag sie wirklich gern! Ich mag auch Teelicht-Lampen oder -Öfen. Bei zu vielen davon müssten wir aber wegen der Emissionen regelmäßig lüften. Dann wiederum wäre die Wärme wieder weg und der Wind könnte die Flammen tänzeln lassen und einen Brand entfachen.

Also nutzen wir die Teelichter einfach als gemütliche Zugabe und überfordern sie nicht. Falls sich nämlich das komplette Wachs entzündet und brennt, dann lassen sich die Teelichter nicht mehr auspusten. Ein Teelicht-Brand ist zu vergleichen mit brennendem Öl in der Pfanne. Den kann man nur mit einer besonderen Löschdecke oder einem speziellen Feuerlöscher ersticken. Lassen wir zwischen unseren Teelichtern demnach ausreichend Platz und freuen uns schlicht an etwas zusätzlicher Wärme und dem heimeligen Licht.

Ein Warmhalter: das Stövchen

Kommen wir zum **Stövchen** in seiner natürlichen Umwelt. Es hält Tee und Kaffee warm, da erzähle ich Ihnen nichts Neues. Allerdings können Sie es auch wie in manchen Restaurants machen und gekochte **Speisen und Getränke darauf warmhalten** – mit der entsprechend großen Platte. Wenn Sie geeignete Warmhalteplatten mit Teelichtern beheizen, können Sie darauf auch Kokos-Öl verflüssigen, Rohkost anwärmen, Käse-Fondue anrichten und noch einiges mehr.

Teelichter-Tricks

Weil ich Kerzen und Teelichter wirklich gern mag, möchte ich Ihnen ein paar Tipps geben, wie Sie an dieser **zusätzlichen Wärmequelle** noch länger Freude haben.

- Sie verbessern die Ausbeute, wenn Sie Kerzen wochenlang im Gefrierfach oder bei Minustemperaturen auf dem Balkon lagern. Danach brennen sie viel langsamer ab als warme Kerzen.
- Wenn Sie Kerzen kaufen oder selbst gießen: Sie brennen **mit dickem Docht besser als mit dünnem**, nämlich effizienter.
- **Ruhige Flammen brennen sparsamer als flackernde.** Wenn es Zug gibt, nehmen Sie am besten **Windlichter**.
- **Kerzen zu gießen, macht Spaß!** Nehmen sie einfach die Reste von dicken Kerzen, sammeln das Wachs und schmelzen es neu ein. Dazu gibt es viele lustige Anleitungen, wie Sie Ihre individuellen Lichter gestalten können.

- *Heizung richtig regulieren (etwa 20 Grad)*
- *warm anziehen im Winter (Zwiebel-Look, warme Socken)*
- *kuscheln unter Decken, allein oder zu zweit oder zu mehreren*
- *Heizkörpern Freiraum lassen*
- *ab und zu Staub wischen auf der Heizung*
- *alu-kaschierte Dämmplatten in der Heiznische*
- *Heizkörper lüften (mit Entlüftungsschlüssel)*
- *mehr Sound für Ihr Handy statt Stereoanlage*
- *ECO-Modus am Fernsehbildschirm*
- *Klimaanlage mit einfachen Mitteln selbst bauen*
- *Licht ausschalten, wenn man den Raum verlässt.*
- *möglichst viel Licht durch die Fenster lassen*
- *mehrere kleine Lichtquellen statt einer großen*
- *Kerzen benutzen: Licht ohne Strom*
- *Teelicht-Öfen als zusätzliche Wärmequelle im direkten Umfeld. Beachten Sie die Sicherheitshinweise zur Brandgefahr auf S. 81.*
- *Speisen warmhalten mit Stövchen*
- *Brennzeit von Kerzen verlängern mit der Kühltruhe und mit Salz*
- *Kerzen mit dicken Dochten nutzen*
- *Kerzen aus Resten selbst gießen*
- *Candle-Light-Dinner*
- *Vorlesen bei Kerzenschein*
- *Kerzenschein zum besonderen Bad*
- *kuscheliges Kerzenlicht im Schlafzimmer*
- *Abstauben von Leuchten und Lampen*

Die Sonne als natürliche Lichtquelle

Und noch ein ganz banaler Tipp: Kosten Sie das **kostenlose Sonnenlicht** am Tag am besten voll aus. Das fällt uns natürlich im Sommer noch leichter als im Winter, wenn die Tage kürzer werden. Aber Sie können gern das ganze Jahr tagsüber Ihre Jalousien und Gardinen öffnen und so viel Licht wie möglich einlassen in Ihre Wohnung. Gern können Sie auch **Lichtsteuerungen** einsetzen, **die das Tageslicht nutzen**. Sie regeln Helligkeit und die Wärme des Lichts automatisch, sparen Energie und schaffen eine wohlige Atmosphäre.

- *Elektroheizer für große Räume (falls unbedingt, dann aus Keramik)*
- *Teelicht-Öfen als Ersatz für die Heizung*

Das Arbeitszimmer

Frage: Haben Sie ein Arbeitszimmer? Falls ja, lässt sich auch hier effektiv arbeiten und effizient Energie sparen.

Der teure PC

Wenn Sie zu Hause arbeiten, dann steht dort vermutlich ein Computer. Aber was für einer? Ein ausgewachsener **Desktop-PC mit Monitor**? Oder ein **Notebook**? **Für den Fall, dass Sie sich sowieso einen neuen Computer zulegen wollen**, rate ich zum **Laptop**. Er ist etwa dreimal sparsamer als ein großer PC samt Monitor. Notebooks sind für den mobilen und akku-schonenden Einsatz optimiert. Ein Flachbildschirm am PC verbraucht dagegen fast so viel Energie wie der Rechner selbst.

Kühlen mit Münzen

Wenn Sie einen Laptop haben, dann habe ich einen weiteren schönen Lifehack für Sie. Wenn Sie lange am Laptop sitzen, kann das Gerät dabei sehr warmlaufen. Und zwar, obwohl die meisten Modelle ordentliche Lüfter besitzen. Sie können Ihren Laptop ganz simpel zusätzlich kühlen, und das ganz ohne Strom! Nehmen dazu nur ein paar Münzen. Euro-Münzen ab 10 Cent bestehen zum Großteil aus Kupfer. Wenn Sie die Münzen oberhalb der Tastatur auf dem Gehäuse des Laptops ablegen, dann zieht das Kupfer die Wärme aus dem Gerät. Und das Geld können Sie später für etwas Schöneres ausgeben als die Stromrechnung.

Bildschirmschoner schonen nicht

Wussten Sie, dass **Bildschirmschoner Stromfresser** sind und außerdem technisch völlig unnötig bei Flachbildschirmen? **Ein „Bildschirmschoner" schont nicht – im Gegenteil: Monitor und Grafikkarte verbrauchen bei bunten bewegten Bildern mehr Strom als ohne Schnickschnack.** Nutzen Sie lieber die **Energieoptionen in Ihrer Systemsteuerung**. Bei Windows geben Sie im Suchfeld des Startmenüs „Energieoptionen" ein, oder Sie klicken mit der rechten Maustaste auf das Windows-Symbol und wählen diesen Begriff dann aus. Sie können auf diese Weise etwa dafür sorgen, dass der Bildschirm sich bei Inaktivität abschaltet.

Laden mit der Kraft der Sonne

Sie können Ihren Laptop, Ihr Handy oder anderes auch ohne Strom aus der Dose aufladen: mit der Kraft der Sonne. Nehmen Sie dazu **Solar-Powerbanks** und zeigen Sie der Steckdose die lange Nase. Die will Geld von Ihnen, die Sonne nicht.

Noch ein Heiztipp

Im Arbeitszimmer liegt die ideale **Raumtemperatur** übrigens bei **etwa 21 Grad**. Wenn Sie die Heizung nicht höherstellen, dann tun Sie Ihren Heizkosten und Ihrer **Konzentration** zugleich einen Gefallen. Wenn es zu warm ist, lässt die Konzentration leicht nach. Dasselbe gilt, wenn Sie zwischendurch kurz stoßlüften bei der Arbeit. Das schont die Heizkosten, und die frische Luft macht Sie frisch.

Batterien – voll oder leer?

Im Arbeitszimmer finden sich oft Geräte, die **Batterien** benötigen. Sie können die nächsten Tipps aber genauso gut in Ihrem Wohnzimmer anwenden, bei der Fernbedienung des Fernsehers zum Beispiel. Ist eine **Batterie voll oder leer**? Manchmal fliegen in Wohnungen Batterien herum oder liegen in Schubladen. Irgendwann weiß man dann vielleicht nicht mehr: Ist die jetzt noch gut? Damit Sie nicht auf Verdacht losgehen und – sicher ist sicher – Geld für neue Batterien ausgeben, hier ein praktischer Lifehack zum Testen:

Lassen Sie die Batterie aus rund zehn Zentimetern herunterfallen, auf den Boden oder den Tisch, und gucken, was passiert. Fällt sie einfach nur hin und bleibt da? Prima, dann ist sie voll. Hüpft sie nach dem Aufprall noch einmal kurz hoch? Dann ist sie leer. In einer geladenen Batterie befindet sich nämlich eine Art Gelee, das den Aufprall dämpft. Wenn sie aber leer ist, dann verfestigt sich die Masse, so dass die Batterie hüpft. Das gilt aber nur, wenn die Batterien nicht wiederaufladbar sind.

- *Notebook/Laptop statt Desktop-PC (nur Austauschen bei Bedarf)*
- *Energieoption der Systemsteuerung nutzen*
- *Laptop kühlen mit Münzen*
- *auch kleinere Batterien mit Alufolie nutzen*
- *Konzentration behalten mit angemessener Temperatur*
- *Lüften für Heizkosten und Konzentration*

Nehmen wir an, eine Batterie ist leer, und Sie haben nur **Ersatzbatterien**, die **zu klein** sind. Da hilft ein simpler Trick: Nehmen Sie ein Stück Alufolie und reißen zwei kleine Stücke davon ab. Die formen Sie zu Kügelchen, drücken sie an die Pole der zu kleinen Batterie und stecken alles ins Batteriefach. Fertig! Die Alufolie leitet den Strom wie bei einer passenden Batterie.

- *Bildschirmschoner am Computer*
- *Batterien auf Verdacht wegwerfen*

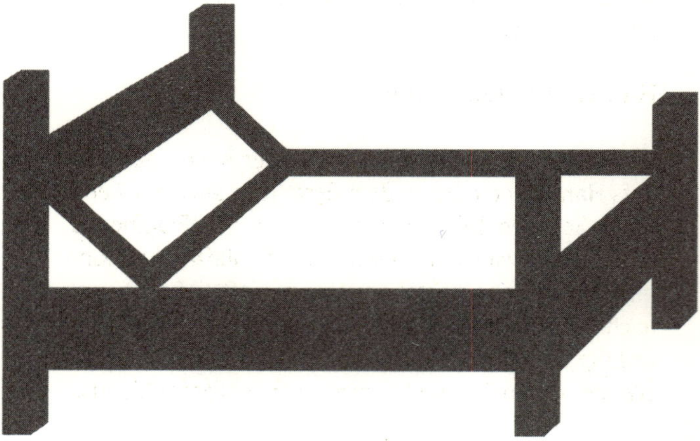

Das Schlafzimmer

Jetzt geht es ums Wohlfühlen und Sparen in der Oase des Lebens: im Schlafzimmer. Guter Schlaf ist wichtig. Abgesehen von den vielen guten Tipps zur **Schlafhygiene** fördert es außerdem den Schlaf, wenn es im **Schlafzimmer kühler** ist als etwa im Wohnzimmer. Hier können Sie prima Energie sparen und tun sich selbst dabei etwas Gutes. **18 Grad reichen locker im Schlafraum.** Und weil wir es ja irgendwo tun müssen, widmen wir uns in diesem Kapitel auch dem Bügeln.

Handy auf Flugmodus

Es wird Nacht, wir werden müde, werfen noch einen Blick aufs **Handy** und gönnen dem Gerät jetzt auch ein wenig Ruhe. Schalten Sie es nachts doch in den **Flugmodus**. Oder nennen wir es für diesen Zweck **Schlafmodus**. Dann müssen Sie das Smartphone weniger oft aufladen, und auch der **Router wird geschont**, falls Sie ihn nachts unbedingt weiterlaufen lassen wollen. Falls Sie Ihr Handy als Wecker nutzen: Der funktioniert auch in diesem Modus.

Bügeln im Schlafzimmer oder anderswo

Ich weiß nicht, in welchem Raum Sie am liebsten **bügeln**. Bei mir steht das Bügelbrett im Schlafzimmer, aber das ist wirklich ganz unterschiedlich. Trotzdem: Wir bleiben jetzt mal bei dieser Tätigkeit. Wo auch immer Sie Ihre Wäsche mit dem Bügeleisen glätten: Denken Sie ruhig mal im übertragenen Sinn an den Slogan: Leinen knittert edel. In diesem Sinne könnte man sagen: **Falten helfen,**

Strom zu sparen. Energiesparen, ganz allgemein gesprochen, bedeutet auch, sich einfach mal zu **entspannen** und sich **nicht dem Druck auszusetzen**, alles **übergenau** zu machen. Und das heißt: Sie brauchen auch wirklich **nur dann und das zu bügeln, wenn es wirklich notwendig ist**.

Denn der **Stromverbrauch beim Bügeln ist nicht von Pappe**. Vielleicht erinnern Sie sich an das Beispiel aus dem Abschnitt „Bevor wir eintreten": Wenn Sie 15 Hemden bügeln, verbraucht das rund eine Kilowattstunde Strom. Ich möchte Ihnen auch den gleichen Tipp wie bei den Herdplatten geben: Nutzen Sie ganz entspannt die **Restwärme** des Bügeleisens. Die reicht nach dem Ziehen des Steckers noch locker für die letzten Hemden. **Ganz Ausgefuchste sparen Energie und Zeit**, indem sie **dünne Stoffe im Stapel bügeln**. Dazu legen Sie die Textilien nur übereinander und bügeln dann alles auf einmal. Ich finde solche Stapel sehr praktisch, denn man hat die Arbeit nur einmal. Mit demselben glatten Ergebnis!

Die Stoffe vorsortieren

Es gibt noch weitere einfache Tricks, um sparsamer zu bügeln. Vieles davon kennen Sie vielleicht schon. Nehmen Sie sich doch ein wenig Zeit und bügeln Sie **die ganze Wäsche auf einmal**. Dann müssen Sie das **Bügeleisen nicht immer neu erhitzen**. Ihre Wäsche können Sie **vorsortieren** und **mit Stoffen beginnen, die man bei niedrigerer Temperatur bügelt**. Und dann steigern Sie die Hitze des Bügeleisens. Damit sparen Sie eine lange Aufwärmzeit und können gleich loslegen. Die passenden Temperaturen finden Sie auf den Etiketten der Kleidung, aber wem sage ich das. Sie brauchen Sich nur nach dem Piktogramm mit dem Bügeleisen zu richten, mit einem Punkt für niedrige und drei für hohe Temperaturen.

Es ist auch nicht nötig, die Wäsche **von zwei Seiten** zu bügeln. Dazu gibt es **Bügelbretter**, die die **Wärme reflektieren**. Dadurch bügelt sich die Kleidung von unten mit. Es gibt auch **reflektierende Bezüge** für Ihr Bügelbrett zu kaufen. Oder Sie wenden einen simplen Lifehack an: Nehmen Sie ein ordentlich großes Stück Alufolie und legen ein Tuch darüber. Die Alufolie reflektiert die Hitze des Bügeleisens genauso gut wie spezielle Bügelbretter

Mit Muße bügeln

Ich will das Bügeln nicht zu einem Wellness-Erlebnis verklären, aber man kann es ein bisschen zu einer Zeit der Muße machen. Ich höre dabei zum Beispiel gerne Radio, einen Podcast oder ein Hörbuch.

oder Bezüge. Versuchen Sie es, und Sie sparen Arbeit, Zeit und Strom in einem!

Mit Essig gegen Stromkosten

Auch der nächste Tipp schlägt zwei Fliegen mit einer Klappe: Wenn ein Bügeleisen **verkalkt** ist, gibt das **hässliche weiße Flecken** auf der Kleidung und **kostet zugleich Strom**. Aber das ist gar kein Problem. Das Entkalken geht ganz einfach. Und Sie brauchen es damit auch nicht zu übertreiben. So ungefähr nach jeder 15. Bügel-Session reichen ein paar Handgriffe. Sie können das auch in Ihrer Bedienungsanleitung nachschauen.

Auch chemische Entkalker sind hinausgeworfenes Geld. **Normaler Haushaltsessig reicht vollkommen**, ist günstiger und besser für Umwelt und Gesundheit. Leeren Sie nur den Wassertank des Bügeleisens, mischen Sie den Essig mit Wasser und füllen alles in den Tank. Jetzt erhitzen Sie das Bügeleisen und lösen

- *Schlafhygiene bei etwa 18 Grad*
- *Handy nachts in den Flugmodus („Schafmodus")*
- *entspannt bügeln: nur, was wirklich notwendig ist*
- *Restwärme des Bügeleisens nutzen*
- *dünne Stoffe im Stapel bügeln*
- *Wäsche auf einmal bügeln mit einmal Hitze*
- *Wäsche vorsortieren: von niedriger Temperatur zu hoher*
- *Bügelbrett mit reflektierendem Bezug (oder Alufolie)*
- *Bügeleisen entkalken mit Haushaltsessig*
- *Alternative: Bügeln mit destilliertem Wasser*

ein paar Dampfstöße aus, damit sich der Essig verteilt. Dann stellen Sie das Bügeleisen wieder ab und lassen es auskühlen. Dann sollte das Essigwasser noch eine halbe Stunde einwirken.

Destilliertes Wasser ersetzt Entkalken

Wenn Sie es ganz akkurat machen möchten, können Sie das mit dem Erhitzen, den Dampfstößen und dem Abstellen noch einmal wiederholen. Nun noch einmal den Wassertank mit klarem Wasser durchspülen – fertig ist die energiesparende Entkalkung. Wenn Sie das Bügeleisen jetzt noch mit einem Tuch abtrocknen, dann verkalkt es auch nicht wieder so schnell. Wenn Sie **destilliertes Wasser** zum Bügeln benutzen, können Sie sich das **Entkalken** übrigens **ganz sparen**.

➤ *Sich unter Druck setzen lassen mit Perfektionismus*

Balkon oder Garten

Gehen Sie in die Muckibude? Oder zahlen sonst irgendwem Geld dafür, dass Sie sich körperlich verausgaben? Etwa gar einem Personaltrainer? Das ist löblich und individuell, aber warum wollen wir die **Muskelkraft** nicht lieber im Garten einsetzen? Klar ist die Arbeit mit einem Laubsauger oder einem elektrischen Rasenmäher schneller und bequemer als mit einem Rechen oder einem Rasenmäher, den Sie mit Ihrer Muskelkraft antreiben. Auch Heckenscheren sind elektrisch natürlich bequemer. Leider sind aber auch elektrische Gartengeräte Stromfresser. Sprich: Ihr Garten kann zum **Fitness-Studio** werden, und das sogar ziemlich gratis.

Ein Hoch auf Regen und Sonne

„Sich regen bringt Segen", heißt es. Aber auch Regen bringt Segen, nämlich Wasser, und das gratis. Wenn Sie den Regen in Ihrem Garten auffangen, etwa in einer **Regentonne** oder in einer Zisterne, dann können Sie damit Ihren Garten bewässern – ein Geschenk der Natur!

Garten- oder Balkonbeleuchtung kann sehr schick sein an lauen Sommerabenden. Nutzen Sie am besten **Solarlampen** dafür. Die bekommen die Energie tagsüber kostenlos von der Sonne und erfreuen uns in der Dunkelheit mit Licht. Und Sie sparen nachhaltig Strom.

Efeu als Dämmstoff

Freilich: Es gibt viele effektive Wege, um eine **Hauswand zu dämmen**, die aber mitunter **recht teuer** sind. Kletterpflanzen an Mauern sind in Deutschland ein seltener Anblick. Dabei dämmen sie nicht nur, sondern **verbessern auch die Qualität der Luft** und **fördern den Klimaschutz**. Zeigen Sie Individualismus: Sie können nämlich **Fassaden auch mit Efeu begrünen. Knöterich** oder **wilder Wein** gehen auch. Aber Efeu ist wegen der Beschaffenheit seiner Blätter besonders gut geeignet. Er wächst auch im Schatten und auf schlechten Böden, ist also **robust**. Außerdem ist er **pflegeleicht**. Man muss ihn

Vorsicht bei Rissen!

Passen Sie nur auf, falls Sie Risse im Putz haben. Das Efeu sprengt zwar auch dann Ihre Hauswand nicht, aber die Haftwurzeln kriechen leicht in die Lücken hinein. Bei einer gesunden Wand passiert aber nichts. Efeu macht Fassaden nicht kaputt. Stattdessen **hilft er Ihnen dabei, Energie zu sparen**. Nebenbei sieht er noch hübsch aus an der Hauswand. Um sicherzugehen bei der Anzucht, können Sie am Anfang einen Gärtner beauftragen. Wenn der Efeu aber erst einmal hochrankt, ist er ein Selbstläufer.

nur zurückschneiden. Die Triebe mit den Haftwurzeln befestigen sich von allein an der Hauswand und verlieren ihren Halt nicht. Schließlich brauchen Sie die Pflanze weder zu gießen noch zu düngen.

Wie sehr kühlt Efeu die Fassade? Der Effekt ist überraschend hoch: **An einer mit Efeu berankten Fassade ist die Temperatur im Sommer nur etwa halb so hoch wie an einer blanken Fassade**! Das bedeutet natürlich, dass es für Sie im Inneren des Hauses wesentlich kühler ist als ohne natürlichen Schutz. Und dann benötigen Sie auch nicht unbedingt eine stromfressende Klimaanlage.

Grillen ist Kult

Es gibt für immer mehr Zeitgenossen nicht viel, was schöner ist, als gemeinsam auf dem Balkon oder im Garten zu grillen. Mögen die Jecken den Karneval die fünfte Jahreszeit nennen – für **Grill-Liebhaber** ist dies **die Saison zwischen Mai und September**. Und das ist auch gar kein Problem, denn man kann ganz einfach **nachhaltig und energiesparend** grillen. Doch wie frönen wir dem Grillkult am sparsamsten? Elektrisch, mit Holzkohle oder mit Gas? Was meinen Sie – wer gewinnt? Lassen Sie sich überraschen.

Ach, ich verrate Ihnen das Ergebnis vorab: **Elektrisch grillen spart am meisten Strom und ist gut für die Umwelt**. Das würde man nicht erwarten, oder? Wir haben doch gesehen, wie teuer es ist, mit Strom zu heizen, nicht wahr? Grillen mit Kohle müsste also wohl besser wegkommen, denkt man eigentlich. Doch ein Gas- oder

Holzkohlegrill erzeugt etwa doppelt so viel Treibhausgase wie ein Grill mit Strombetrieb.

Aber Sie müssen Ihren geliebten Grill nun nicht gleich entsorgen, wenn er nicht elektrisch ist. Das würde nicht nur Geld für einen neuen Grill kosten, sondern auch die Energie, die man benötigt, um den anderen Grill herzustellen. Und man kann jeden Grill energiesparend einsetzen. Auch den Holzkohlegrill. Und den wollen wir jetzt mal etwas näher unter die Lupe nehmen.

Verzichten Sie auf Chemie

Chemische Anzünder sind beim Grillen überflüssig. **Grillanzünder aus Holzwolle** sind **mit Wachs überzogen** und funktionieren genauso gut und naturfreundlich. Sie brennen zehn Minuten lang und sind dabei geruchsneutral. Wie auch immer Sie mit Kohle grillen – schließlich sind Sie die Chefs am Gerät! –, Sie können die **abgekühlten Stücke** später aussortieren und **wiederverwenden**. Auch das **spart Geld und schont die Natur**. Denn hier kommt noch ein Nachteil des Grillens mit Holzkohle: Bei der Verbrennung bleiben **Schwermetalle** und andere **schädliche Stoffe** in der Asche zurück. Daher sollten wir die **Asche in den Hausmüll** entsorgen, damit keine Schadstoffe ins Gewässer oder in den Boden gelangen.

Sparsam grillen mit dem Klassiker

Grillen bedeutet natürlich auch ein Gefühl. Dieses **Grillgefühl vermittelt am besten das Feuer der Kohle**. Das Spiel mit dem Feuer ist aus gutem Grund der Klassiker für Menschen, die gern grillen. Dabei entwickelt sich das charakteristische Raucharoma und zudem eine spezielle Atmosphäre beim stimmungsvollen Feuer und bei der Glut. Der Holzkohlegrill lässt sich meist schnell und mobil aufstellen und führt zu einem rauchigen Aroma beim Grillgut. Mit Kohle dauert es etwas länger, bis der Grill geheizt ist als mit Strom und Gas. Aber das nehmen viele Grillfreunde bei gemütlichen Abenden gern in Kauf. Ebenso wie das Nachlegen von Kohle oder die Gefahr, dass etwas auf dem Rost beim Brutzeln anbrennt.

Nehmen Sie Abfall

Wie grille ich **umweltschonend mit Holzkohle**? Mein Tipp: **Grillen Sie mit Abfall!** Das ist kein Scherz. Normale Holzkohle stammt oft aus Tropenwäldern. **Kohle aus Laubholz** stammt aus Abfällen bei der Holzgewinnung. Sie verwerten also beim Grillen Reste, und das ist immer **gut für die Natur – und dazu für Ihr Portemonnaie**. Zur Orientierung können Sie auf das Siegel „FSC" (Forest Stewardship Council) achten.

Alternative Lavastein

Auch auf **Lavasteinen** lässt sich **sparsam und umweltbewusst grillen**. Das Prinzip ist dasselbe wie bei der Kohle. Sie nehmen hier stattdessen Lavasteine, wie man sie von Saunaöfen kennt. Man erhitzt sie mit Strom oder Gas. Dadurch entsteht kaum Rauch, so dass der Lavastein zur Konkurrenz gerade für die Holzkohle wird.

Ein wichtiger Vorteil: Man kann die Lavasteine **wiederverwenden** und muss sie nicht ständig nachkaufen. Das ist gleich doppelt gut für Geldbörse und Natur. Was man wiederverwendet, das reinigt man, denn die Lavasteine verschmutzen schnell durch Fett, das herabtropft. Das geht aber schnell und einfach: Legen Sie die Steine nur in einen Topf, und kochen sie mit Essigwasser auf. Das reicht schon. Ein Lavastein-Grill hat übrigens **eine Haube oder einen Deckel**, anders als ein Gasgrill. Damit kann man die Speisen **warmhalten und spart Energie**.

Aber es geht sogar noch besser: mit **Briketts aus Abfällen von verarbeiteten Oliven**. Das sind zusammengepresste Olivenschalen und -kerne, also der Trester. Solche Briketts brennen schneller und länger als normale Holzkohle, bei ihnen sprühen weniger Funken, und es entsteht weniger Rauch. Diese umweltfreundlichen Briketts gibt es zum Beispiel im Baumarkt.

Hitze auf den Punkt: Grillen mit Gas

Machen wir weiter mit dem **Gasgrill**. Sein Charme liegt darin, dass sich die **Hitze bei Gas genau regulieren lässt**. Das ist auch ein Vorteil gegenüber dem elektrischen Grill. Und man ist **unabhängig von einer Stromquelle**. Die Gasflasche können Sie überall aufstellen. Beim Erhitzen müssen Sie nicht warten, sondern können sofort Ihre Grillparty starten. Es gibt keinen lästigen Qualm oder Geruch, und an den Speisen entsteht auch kein Ruß. Beim Gasgrill kommt die Hitze auf den Punkt: Die Flam-

- *Garten zum Fitness-Studio machen*
- *Regen in Tonne oder Zisterne auffangen und Garten bewässern*
- *Beleuchtung mit Solarlampen*
- *Hauswand mit Efeu dämmen und begrünen*
- *Klimaanlage sparen mit natürlicher Dämmung*
- *Grillen mit Elektrogrill (wenn er da ist, sonst Energie sparen mit anderen Grills)*
- *Grillen mit „Abfall" bei Holzkohle: Laubholz oder Briketts aus Olivenresten*
- *Anzünder aus Holzwolle*
- *abgekühlte Kohle wiederverwenden*
- *Asche im Hausmüll entsorgen*
- *Lavasteine reinigen und wiederverwenden*
- *Restwärme bei Elektrogrill nutzen*

me ist gleich angezündet und leicht wieder gelöscht, wenn das letzte Stück gegrillt ist. Sie können die Hitze auch **flexibel regulieren und damit Energie sparen**.

Spar-Champion: der Elektrogrill

Nichts grillt so energiesparend wie ein Elektrogrill. Er qualmt nicht, riecht nicht und führt zu keinen Problemen mit den Nachbarn, auch auf dem Balkon nicht. Sie müssen aber auch auf den rauchigen Geschmack der Holzkohle nicht verzichten, wenn Sie **Holzchips** nehmen. Die legen Sie nur eine **halbe Stunde bis Stunde ins Wasser**, damit sie sich ordentlich vollsaugen. Schlagen Sie die Holzchips dann in Alufolie ein und zünden Sie sie an. Lassen Sie bitte nur den Elektrogrill dabei geöffnet, sonst wird es eine Spur zu viel des Guten mit der geschmacklichen Intensität. Mit offenem Deckel aber erreichen Sie das klassische Barbecue-Aroma für Tofu oder Fleisch. Grillen mit Strom hat den Vorteil, dass Sie unabhängig von Sonne und Regen sind. Es funktioniert auch in der Wohnung. (Dann aber ohne die Holzchips!) Wenn Sie den Elektrogrill frühzeitig abschalten, **dann nutzen Sie die Restwärme aus und grillen die letzten Stücke stromsparend auf dem Rost**.

➢ *Grillasche auf die Gartenerde oder ins Abwasser*

Garage und Carport

Vielleicht haben Sie eine Garage oder einen Carport? Oder parken Sie Ihr Auto auf der Straße? Wie auch immer: Lassen Sie uns jetzt ein wenig über unsere Mobilität nachdenken und die Möglichkeiten, wie man dabei Energie sparen kann. Denn eines ist sicher: Das ist nicht nur ein dominierendes Thema der Gegenwart, sondern das wird es auch auf absehbare Zeit bleiben. Aber ich verspreche Ihnen: Ich fasse mich kurz.

Gemeinsam geht es besser

Gemeinsam mit dem Auto zu fahren, kann nicht nur angenehmer sein, als wenn man allein ist, sondern ist auf jeden Fall sparsamer. Es ist auch keine Frage von „Entweder Auto oder nicht". Die Rede ist von **Fahrgemeinschaften**. Ein klassischer Fall ist der Arbeitsweg. Sich mit Kollegen zu verabreden, ist oft nicht schwierig. Entweder man teilt sich die Kosten, oder man wechselt sich einfach ab. Eine Woche fährt zum Beispiel der Kollege, die andere Woche Sie.

Mehr als die Hälfte aller Autofahrten gehört allerdings zur **Freizeit**. Und Sprit ist nicht gerade günstig, wie wir alle wissen. Daher können wir auch sehr schön und effektiv bei Fahrten sparen, die nicht unbedingt notwendig sind. Erinnern wir uns an unsere Fahrschulzeit. Mein Fahrlehrer legte großen Wert darauf, **energiesparend zu fahren**. Das bedeutet: **moderate Geschwindigkeit und vorausschauendes, niedertouriges Fahren**. Dann müssen Sie seltener die Zapfsäule ansteuern.

Der Mix macht's

Auto und öffentlicher Verkehr schließen sich nicht aus. Kürzere Strecken lassen sich prima mit dem **Fahrrad** fahren oder zu Fuß gehen. Das kostet Sie keinen Cent und ist gut für Körper und Geist. Sie benötigen keinen Parkplatz und sind mit dem Rad in der Stadt oft sogar schneller. Auch **Bus und Bahn** haben Stärken gegenüber dem Auto. Zu Stoßzeiten im Stadtverkehr profitieren Busse davon, dass sie eigene Spuren haben. Stellen Sie sich einfach den für Sie passenden **Mobilitäts-Mix** zusammen!

Auf dem Boden bleiben

Bei Ihrem Mobilitäts-Mix sollte das **Flugzeug** besser nur eine kleine Ausnahme sein. Gerade mit **Kurzstrecken-Flügen** machen Sie sonst im Handumdrehen alle Mühe zunichte, die Sie sich im Alltag beim Energiesparen geben. Und das wäre doch schade, oder? Statt tonnenweise Flugbenzin zu verschwenden, kann man oft besser **auf dem Boden bleiben**.

Das überschätzte Auto

Noch eine ketzerische Frage: **Brauchen Sie Ihr Auto wirklich?** Ich möchte Ihnen nichts unterstellen oder vorschreiben, aber es gibt, wie schon angedeutet, auch Alternativen zum eigenen Auto. **Car-Sharing** zum Beispiel. Im Durchschnitt nutzt man in Deutschland sein Auto nur

Was Sie Ihr Auto kostet

Der ADAC berechnet laufend die tatsächlichen Autokosten für viele Marken und Modelle. Und die liegen, Stand Mai 2022, zum Beispiel bei einem Kleinwagen wie dem VW Polo 1.0 Life mit einem Grundpreis von knapp 20.000 Euro bei **514 Euro im Monat**. Macht 41 Cent pro Kilometer. Hier der Link zum ADAC, wo Sie erfahren, wie es bei Ihrem eigenen Auto aussieht.

https://www.adac.de/rund-ums-fahrzeug/auto-kaufen-verkaufen/autokosten/uebersicht/

Für 514 Euro im Monat könnte man viel Bus oder Taxi fahren und dabei noch sparen. Wie wär's?

- *Fahrgemeinschaften bilden, etwa beim Arbeitsweg*
- *moderate Geschwindigkeit und vorausschauendes, niedertouriges Fahren*
- *kürzere Strecken mit dem Fahrrad oder zu Fuß*
- *eigenen Mobilitäts-Mix finden*
- *Car-Sharing*

> ➢ *Kurzstrecken-Flüge*

45 Minuten am Tag. Und ein **Neuwagen verliert vom ersten Tag an stetig an Wert**. Das ist eigentlich der größte Faktor, um Geld zu verbrennen. Dazu kommen **Betriebskosten (Sprit, Öl, Pflege), Fixkosten (Versicherung, Steuer, Parkgebühren) sowie Werkstatt- und Reifenkosten**.

Das Kinderzimmer

Warum steht das Kinderzimmer am Ende? Und zwar noch nach der Garage! Bin ich ein Kinderhasser, der die lieben Kleinen an den letzten möglichen Ort verbannt? Nein – hier geht es mir eher um **Kommunikation in der Familie**. Darum finden Sie das, was wir unseren Kindern vermitteln sollten, was wir jetzt alle wissen, erst am Ende dieses Buches.

Eine Frage des Alters

Sie wissen am besten, wie Ihre Kinder ticken. Naja, jedenfalls manchmal. **Vieles hängt ja auch davon ab, wie alt sie sind.** Unser Junior hätte Anjas und meine Hinweise in einem gewissen Alter bestenfalls mit „Ja, ja …" quittiert, wenn wir ihm gesagt hätten, wie sinnvoll es ist, das Licht auszuschalten, wenn er sein Zimmer verlässt. Und wäre achtlos am Lichtschalter vorbeigegangen.

- *miteinander reden in der ganzen Familie*
- *Kindern Freude am Energiesparen vermitteln*
- *spaßige Wettbewerbe*
- *Cyber-Kids um Suche nach noch mehr Spartipps bitten*
- *gemeinsam passgenaue Lösungen für Ihren Haushalt finden*

Wir können aber auch versuchen, unseren Kindern zu vermitteln, dass Energiesparen Freude bereitet. Wenn Ihr Sprössling vielleicht Greta Thunberg anhimmelt, haben Sie schon gewonnen. Immer mehr Kinder interessieren sich für das Thema, was die Sache erleichtert. Ihre Familie kann sich gemeinsam vornehmen: **Machen wir diesen Planeten ein Stück besser! Retten wir unsere Natur!**

Alles fließt

Die Empfehlungen in diesem Buch geben natürlich nur einen Bruchteil des Möglichen wieder. Alles fließt, wie schon der griechische Philosoph Heraklit gesagt haben soll. Was ich damit sagen will: **Erweitern Sie ständig und gemeinsam in Ihrer Familie den Fundus an Tricks und schneidern Sie ihn auf Ihren Haushalt zu.** Falls sie ohnehin eine kleine Aktivistin oder einen engagierten Zögling haben, dann haben Sie leichtes Spiel. Und ansonsten kann man das Energiesparen spielerisch angehen und sollte das auch. Aber was schreibe ich hier? Sie haben sicherlich noch viel bessere Ideen, wie Sie Ihre Familie motivieren können. Keiner kennt sich so gut bei Ihnen aus wie Sie selbst.

Wettbewerb für ein gutes Ziel

Ihr Kind kann in seinem Zimmer nach denselben Regeln Energie sparen wie alle zusammen im restlichen Haushalt. Falls Ihr Kind in dem Alter ist, in dem es gern erwachsen sein möchte, könnten Sie ihm sagen: **„Hilf uns mit! Du bist eine wichtige Unterstützung für uns. Das schaffen wir alle zusammen!"**

Sie können auch gemeinsam eine „Challenge" veranstalten, einen Wettbewerb: **Wer ist der Energiespar-King oder die -Queen?** Das soll natürlich im unterhaltsamen Rahmen bleiben. Vermutlich können wir im Normalfall blind davon ausgehen, dass unsere Kinder pfiffiger im Netz unterwegs sind als wir. Warum also diesen Umstand nicht ausnutzen? Es geschieht ja ohnehin täglich. Sie könnten Ihr Kind dazu animieren, noch viel mehr und bessere Tipps zu finden.

> *Hier gibt es keine „Don'ts". Sie machen das schon richtig!*

Vertrauen Sie Ihren Fähigkeiten!

Sie stecken voll guter Vorsätze und haben dieses Buch mit dem Ziel erworben, der Umwelt und Ihrem Geldbeutel etwas Gutes zu tun. Das wird sich für beide auszahlen. Motivieren können Sie sich noch mehr, wenn Sie nicht nur auf die nächste Energierechnung warten, sondern Ihren **Verbrauch selbst messen und kontrollieren**. Dafür müssen Sie nicht einen Cent ausgeben.

Gratis nachmessen

Sie können **Strommessgeräte kostenlos bei Ihrer Verbraucherzentrale ausleihen**. Stecken Sie sie nur zwischen die Steckdose und Ihr Elektrogerät – voilà! Die Messgeräte zeigen Ihnen den exakten Verbrauch Ihrer Geräte an. Wenn Sie dann bei einem oder mehreren der Teile sagen: „Wow! Das hätte ich nicht gedacht, dass der Verbrauch dermaßen hoch ist!" – dann können Sie ja über sparsame Alternativen nachdenken. Denn jetzt haben Sie Zahlen, mit denen Sie rechnen können. Da stellt sich dann die Frage: Lohnen sich die Kosten für ein neues Gerät und den Elektroschrott, der durch das alte produziert wird?

Das Energiesparkonto

Wenn Sie Ihren Energieverbrauch kennen, sehen Sie auch Ihre Erfolge schneller. Das spornt an! Hierfür gibt es **ein weiteres praktisches Gratiswerkzeug: ein Energiesparkonto**. Sie erfassen damit, wie hoch Ihr Energieverbrauch im Vergleich zum Durchschnitt ist. Treten sie ruhig innerlich in einen **Wettbewerb mit Ihren Nachbarn, der ganzen Stadt oder der Nation**. Nennen Sie es für sich „Battle" oder „Challenge" oder einfach nur Wettbewerb, so wie ich es für Ihre Kinder angeregt habe. Ziel ist es, möglichst weit oben auf dem Treppchen zu stehen und ordentlich Energie und damit Kosten zu sparen.

Werden Sie zum Piloten in Ihren vier Wänden und behalten die Kontrolle
Wie richte ich jetzt so ein **Energiesparkonto** ein? Gehen Sie auf die Seite

https://www.energiesparkonto.de/

und registrieren sich dort mit Namen und Mail-Adresse. Damit eröffnen Sie Ihr Konto. Das geht ganz flugs. Jetzt können Sie Ihre **Zählerstände** für **Heizung, Strom und Wasser** eingeben, auch die D**aten aus alten und neuen Stromrechnungen**. Je mehr Zählerstände Sie regelmäßig eingeben, desto genauere Analysen Ihres Verbrauchs erhalten Sie. Ihr Energiesparkonto kann **auch die Daten Ihrer Haushaltsgeräte auswerten, wie die Strommesser sie liefern**. Sie können ebenso die Bereiche **Mobilität, Photovoltaik und Klimatechnik** analysieren lassen.

Glücklicherweise gibt es das ganze Energiesparkonto auch als schicke App fürs Handy, ebenfalls kostenlos. Die **EnergieCheck-App** ermöglicht es, Ihre Verbrauchsdaten direkt am Zähler einzugeben. Den Rest macht die App, synchronisiert alle Daten mit ihrem Energiesparkonto und wertet sie gleich aus. Sie kann Ihnen mit den konkreten

Daten dann auch weiteres Potential zum Sparen zeigen. Ganz individuelle Beratung erhalten Sie bei einem **Energieberater**.

Energieberatung

Energieberatung ist individuell und erst einmal gratis zu haben. Allerdings möchte ich bei Energieberatern darauf hinweisen: Diese Berufsbezeichnung ist nicht geschützt. Aber es gibt vertrauenswürdige Quellen, die Energieberater vermitteln. Meine Empfehlung: **Wenden Sie sich zuerst an Ihre Verbraucherzentrale.** Unter

https://verbraucherzentrale-energieberatung.de/

haben Sie die Möglichkeit, sich **erst einmal gratis online** beraten zu lassen. Hier bekommen Sie eine erste Einschätzung zu Ihrer individuellen Situation. Die Verbraucherzentralen bieten auch eine **telefonische Beratung über eine kostenfreie Telefonnummer** an. Die Vorteile von Verbraucherschützern kann man gar nicht oft genug betonen: Die stehen auf Ihrer Seite. Die sind unabhängig. Die wollen Sie nicht veralbern. Die gieren nicht nach Ihrem Geld.

Wenn ein Energieberater in ein Ein- bis Zweifamilienhaus kommt und es ausführlich begutachtet, dann kostest das rund 1.200 Euro. Das kann gut angelegtes Geld sein, gerade weil es bis zu 80 Prozent staatlichen Zuschuss dafür gibt.

Hier gibt es weitere Hilfe

Falls Sie nach der Lektüre dieses Buches noch mehr Appetit auf Informationen haben, wie Sie **effizient und mit Freude** Energie sparen können, dann habe ich ein paar Empfehlungen für Sie.

Sie können ganz einfach darauf achten, dass Sie **Informationen von unabhängiger Seite** bekommen, oder besser noch: Dass Sie die die Informationen von Stellen erhalten, die **auf Ihrer Seite** stehen. Gemeint sind **Verbraucherschützer**. Natürlich kann ich hier nicht alle Quellen nennen, die **vertrauenswürdig** sind, aber die folgende Auswahl soll Ihnen bei der Orientierung helfen:

- Die gemeinnützigen Verbraucherzentralen tragen ihre Richtung schon im Namen. Sie schützen die Verbraucher in staatlichem Auftrag und beraten auch individuell. Sie sind als Vereine organisiert, und zwar auf Landesebene, zusammengeschlossen im Bundesverband. Ihr direkter Ansprechpartner wäre also etwa die Verbraucherzentrale Sachsen, Hamburg oder Bayern. Wenn Sie zum Beispiel Ihren Strom- oder Gasanbieter wechseln wollen, finden sie hier kompetente Ansprechpartner, die Sie auch sonst konkret zum Thema Energie in Ihrem Haushalt beraten. Zum Thema Energie geben die Verbraucherzentralen auch Broschüren und Flyer heraus, gedruckt und zum Herunterladen im Internet. Außerdem finden Sie Podcasts, Merkblätter, Studien und so weiter.
- Dann wäre da die gute alte Stiftung Warentest, ebenfalls gemeinnützig. Sie ist mit Abstand die be-

kannteste Stiftung in Deutschland, regelrecht eine heilige Kuh, und das zu Recht. Sie vergleicht Waren und Dienstleistungen. Damit macht sie sich auch viele Feinde bei Herstellern und Dienstleistern und wird etwa zehnmal im Jahr auf Schadensersatz verklagt – wurde aber bisher nie rechtskräftig dazu verurteilt. Die Stiftung Warentest gibt auch Bücher und Spezialhefte heraus, etwa mit schönen Namen wie „Grüner leben nebenbei" oder „Haushalt nebenbei". Sie behandelt auch das Energiesparen „mit der großen Lösung" in Publikationen über energetische Sanierung und Wärmepumpen.

- Und damit zur gemeinnützigen Stiftung Finanztip. Chefredakteur dieses Online-Ratgebers ist Hermann-Josef Tenhagen, der vorher Chefredakteur bei Finanztest war, einem Magazin der Stiftung Warentest. Finanztip widmet sich der die Förderung von Finanz- und Verbraucherbildung. Mein Tipp, wenn Sie sich gern Videos ansehen: Besuchen Sie den YouTube-Kanal von Finanztip und schauen, was Saidi über das Energiesparen erzählt. Saidi ist der Finanztip-Moderator bei YouTube und erklärt alle Themen verständlich, freundlich und mit Leidenschaft. Ich jedenfalls bin sein Fan.
- Dann wäre da noch das Verbraucher-Magazin Öko-Test. Öko-Test prüft sämtliche Produkte und Dienstleistungen für Verbraucher. Für das Thema Energiesparen ist das Magazin gedruckt und online eine Fundgrube, und zwar gerade auch aus Sicht der Umwelt, aber längst nicht nur. Leser erfahren ebenso, wie sie richtig Geld sparen können bei der Energie.

- Falls Sie, so wie ich, im schönen Österreich wohnen oder nur über den Tellerrand des eigenen Landes hinausschauen wollen: Surfen Sie doch mal zu

  https://www.energiesparverband.at/energiespartipps.

Das Land Oberösterreich betreibt hier eine beeindruckende und wirklich vorbildliche Seite. Der Energiesparverband Oberösterreich ist eine der größten derartigen öffentlichen Beratungseinrichtungen in ganz Europa.

- In der Eidgenossenschaft ist man beim Energiesparen auch gut dabei. Lugen Sie ruhig mal rüber in die Schweiz, zum Beispiel bei EnergieSchweiz. Da finden Sie jede Menge zum Thema.

  https://www.energieschweiz.ch